丛书主编 戴建兵

大运河历史文化丛书

大运河河北段经济发展研究

高永国　赵国华　编著

DAYUNHE

HEBEIDUAN

JINGJI FAZHAN

YANJIU

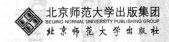

北京师范大学出版集团
BEIJING NORMAL UNIVERSITY PUBLISHING GROUP
北京师范大学出版社

序　言

　　大运河是人类智慧的结晶，曾经是中国政治、经济、军事的命脉和枢纽，更是人类文化的遗产，如今她是中华民族的历史基因。

　　大运河是世界上开凿时间较早、使用人力最多、规模最大、线路最长最复杂、使用延续时间最久的人工运河，是祖先留给后人的珍贵物质和精神财富。大运河的价值得到世界人民普遍认可，2014 年成功入选世界文化遗产名录。

　　大运河河北段始凿于东汉末年，上接京津，下接鲁豫，由北运河、南运河、卫运河、卫河及永济渠遗址五部分组成，总长 530 余千米。经过历代疏浚、整治，大运河河北段至今整体保存完好，水利水运遗址类型齐全，前人因形定向，人工弯道密集，徜徉于此，柳河相伴，景观风貌样态真实。大运河流经的廊坊、沧州、衡水、邢台、邯郸等地市，融合了多元文化，独具北方特色。

　　大运河是沟通河北省水系的重要通道，历史上在南粮北运、商旅交通、军资调配、铸钱原料北上、士子赶考中发挥了重要作用，如今在防洪排涝、输水供水、生态景观、农业灌溉等方面仍发挥着重要作用。

　　按照习近平总书记重要批示指示精神，打造大运河文化带，深入挖掘大运河丰富的历史文化资源，保护好、传承好、利用好大运河这一祖先留给我们的宝贵遗产，是新时代党中央、国务院的一项重大决策部署。2019年2月1日，中共中央办公厅、国务院办公厅印发了《大运河文化保护传承利用规划纲要》，进一步明确了大运河文化的基本定位和重要价值。大运河文化带建设旨在坚持中国文化立场，"打造宣传中国形象、展示中华文明、彰显文化自信的亮丽名片"。《大运河文化保护传承利用规划纲要》规划了运河文化保护、传承、利用的顶层设计方案和制度安排，形成了以大运河文化保护为基础，社会、环境协调可持续发展的基本框架。《大运河文化保护传承利用规划纲要》要求相关行业主管部门加快制订文化遗产保护传承、河道水系治理管护、生态保护修复、文化和旅游融合发展四个专项规划，确定了时间目标，2018年为现状基准年，2025（或2035）年为近期水平年，2050年为远期展望年。《大运河文化保护传承利用规划纲要》是中国第一个以文化为引领的区域规划，探索建立以文化建设为立足点，以文化带动区域经济社会发展的新模式。

2019年7月24日，习近平总书记主持召开中央全面深化改革委员会会议，通过了《长城、大运河、长征国家文化公园建设方案》，由中共中央办公厅、国务院办公厅12月印发。预计在2023年年底建成三大国家文化公园，大运河国家文化公园作为其中之一，将实现可见、可触、可感的"物质文化"在时间与空间延展性上的呈现与展示。与此同时，大运河沿线8省（市）也在《大运河文化保护传承利用规划纲要》和《长城、大运河、长征国家文化公园建设方案》的指导下，进行了制度化建设。

大运河是中国文化自信的重要物质活化载体。河北省的《大运河文化保护传承利用规划纲要》，明确了河北省大运河文化带建设的方向、目标和任务，明确了大运河河北段应当在保护与传承、文化与旅游融合建设、文化产业建设和相关城镇发展等层面着力。

1. 加强大运河河北段文化遗产保护与传承

2018—2019年，对大运河的破坏性与过度功能性开发渐被抑制。2018年在世界遗产委员会第42届会议上，大运河被推选为世界遗产保护管理状况三个优秀案例之一。

大运河河北段河道遗址完整，河道、减河、分洪设施、险工、水闸、桥涵、码头及沉船点遗址、遗产丰富，重要价值运河本体遗存30处，世界文化遗产1项3处，全国重点文物保护单位9处。中国水利工程的精华在此多有呈现。南运河沧州—衡水—德州段、连镇谢家坝、华家口夯土险工"两点一段"为世界文化遗产。北运河河北段、南运河河北段、华家口夯土险工、郑口挑水坝、朱唐口险工、红庙村金门闸、连镇谢家坝、油坊码头遗址及险工、捷地分洪设施等9处为全国重点文物保护单位。卫运河等3段河道和东光码头沉船遗址等21处列入大运河本体历史文化遗存。

在技术层面，大运河河北段夯土加固和弯道代闸凝聚了中国古代水利科技的最高成就，东光县连镇谢家坝和景县华家口夯土险工是"糯米砂浆"古法筑造运河大坝技术的典型代表；南运河在平面布局上设计了众多弯道，具有"三弯抵一闸"的功能；一系列减河和水闸，用于泄洪排洪，成为大运河独特的水利工程。

2. 强化大运河河北段大运河文化与旅游融合建设

大运河沿线文化遗产资源丰富，从全国范围来看，区域发展水平较高，运河功能持续发挥将推动河北段相关城镇发展。大运河沿线水工遗存、运河古道、古城古镇等物质文化遗产有 1200 余项，国家非物质文化遗产代表性项目有 400 余项。其中国家级历史文化名城 54 座，5A 级景区 93 个，4A 级景区 1200 多个，是文化和旅游资源高密度地区。仅 2018 年大运河沿线 8 省（市）旅游总收入超过 5 万亿元。江苏省政府于 2019 年 1 月 4 日设立"大运河文化旅游发展基金"，基金首期规模 200 亿元，投入重点领域，扶持优质项目的旅游开发。

大运河河北段景观自然古朴，人为破坏较少，堤防体系完整，仍有漕运河道的规模与形态，特别是沧州至衡水段河道，东光连镇谢家坝到四女寺枢纽全长 94 千米的河道内有 88 个弯，"河、滩、堤、林、田、草"交织，是"美丽运河"的最好显现。借助上下游的旅游开发，突出自己的特色，挖掘好地方文化特色。

3. 全力开展大运河河北段文化产业建设

2021 年 5 月，习近平总书记在给《文史哲》编辑部全体编辑人员的回信中说："增强做中国人的骨气和底气，让世界更好认识中国、了解中国，需要深入理解中华文明，从历史和现实、理论和实践相结合的角度深入阐释如何更好坚持中国道路、弘扬中国精神、凝聚中国力量。""在新的时代条件下推动中华优秀传统文化创造性转化、创新性发展。"为大运河河北段文化价值开发指明了方向。仅 2018 年，大运河沿线 8 省（市）文化产业年增加值占 8 省

（市）GDP 的比重均达到 5% 以上。

国家层面，重视建设国家大运河文化产业创新实验区。至 2019 年 9 月底，实验区文化企业注册数达到 3.48 万家；2019 年 1—9 月，文化产业单位收入占北京市文化产业收入的比重达到 9.4%。地方政府层面，大力发展大运河文化产业和旅游产业。2019 年 4 月 16 日，大运河文化产业和旅游产业投资联盟在江苏省南京市成立，世界运河历史文化城市合作组织（WCCO）、中国旅游研究院、金陵饭店集团、龙城旅游控股集团等 30 多家成员单位发出《大运河文化产业和旅游产业投资联盟倡议书》。2019 年，浙江省杭州市拱墅区有 44 个大运河文化带项目开工建设、续建推进或竣工投用，其中重点推进"十大项目一址两园两街三馆两中心"。

大运河河北段文化价值分为三个层面：一是世界级文化遗产；二是中华民族的文化符号和精神家园；三是各种地域文化融合的平台。大运河河北段历史文化遗存资源丰富，文化底蕴深厚，具有较高的历史、艺术和科学价值，包括古城、古镇、码头、茶庄、会馆、庙祠、窑址、碑刻等各类历史文化遗存。其中，全国重点文保单位 5 处，省级文保单位 6 处，其他遗存 14 处。沿线国家级非物质文化遗产 27 项、省级 113 项。源起或流传于沧州的拳械门派多达 53 种，占全国武术门派拳种的 40%。吴桥杂技艺人沿大运河走出家乡，北上南下，远涉重洋闯世界，享誉国际。因大运河而生的科学技术、沿河物产、名人轶事、历史故事、文学作品、民风民俗等文化遗产，积淀了开放包容、重德尚义的深厚文化底蕴，形成了独具河北特色的大运河文化。

4. 运河文化引导沿岸城镇发展

大运河沿线有特色的城市以地域文化创新为方向，集中创意、科技、资本等要素已形成了诸多模式。如杭州模式：在保护和利用大运河沿岸历史建筑、各种产业遗存、文化街区的基础上，进行文化创意、工艺设计、休闲旅游、高新技术等产业的集聚与融合，提升产品供给，形成文化展示交易平台，培育市场，打造文化旅游体闲目的地。扬州模式：在文化、旅游合作以及创意产业融合中强化运河文化主题，深度挖掘文化产业经济模式，开展产权共享、影视演艺、创意设计等多层次合作，构建"大文化、大旅游、大产业"业态和多样化文化旅游区。无锡模式：以旅游产业开发为龙头，进一步优化历史文化街区改造、运河旅游产品创制、文化博览园开发。

大运河河北段区位优势明显，发展潜力巨大。大运河河北段沿线区域向北通过北京与东北亚丝绸之路连接，东过天津、沧州黄骅与海上丝绸之路连接，西过大清河与雄安新区一体，是对接"一带一路"的端口，是京津冀协同发展的重要纽带。沿线区域交通便捷，自然资源丰富，传统产业基础良好，发展潜力巨大。特别是邯郸、邢台的永济渠，独占隋唐和明清运河两大文化资源。深入挖掘历史文化，认真领会国家战略，前景可期。

大运河河北段一切发展的前题是对运河历史文化的挖掘、学习和创新！

戴建兵

目 录
CONTENTS

第一章 香河县经济发展调研报告

高永国　赵国华　王利新　冯　磊

摘　要：香河县是大运河河北段的重要节点。本章首先从香河县的概况、特色产业、名优产品、重点企业、招商引资、现代农业和美丽乡村等方面进行了介绍。其次，分析了香河县经济发展中存在的问题，包括产业结构不合理、环境污染、基础设施不完善、民生就业问题亟待解决等。最后，提出了促进香河县经济进一步发展的建议。

关键词：经济概况，特色产业，重点企业，现代农业，美丽乡村

一、香河县概况

(一)香河县的历史沿革

香河县历史悠久，几经沿革。春秋战国时期属燕，秦时属渔阳郡，西汉命名为雍奴郡，后一直沿用至隋，唐天宝年间更名为武清县，后晋天福元年(936年)归契丹。其正式建制始于辽太宗统治时期，会同元年(938年)，"于此置榷盐院，居民集聚，质实朴茂，遂与武清划分壤界，号淑阳郡。"旋废郡改县，因彼时城东里许，有小河一条，俗名长沟，沟中多栽芰荷，莲红叶绿，赏心悦目，夏秋之间，其香馥郁，沁人心脾，故称之为香河。香河县由此得名。宋徽宗曾赐名清化县，归金后，复名香河县。元至元十三年(1276年)，升潞阴县(今北京市通州区潞县镇)为潞州，香河县属大都路潞州；明永乐十九年(1421年)改属京师顺天府；清顺治元年(1644年)，属直隶省顺天府。

康熙二十七年(1688 年)，顺天府设四路厅，香河县属东路厅。

1912 年，香河属直隶顺天府。1914 年，改顺天府为京兆地方，香河属之。1928 年，南京国民党政府将京兆并入河北管辖，香河属河北省。1945 年1 月，香河县西北部地区属通(县)、三(河)、香(河)联合县，隶冀热辽区行署第十四专属。1946 年 1 月，抗日战争胜利后，各联合县撤销，恢复原县制。香河属冀东区(行署)第十八专属。1948 年 7 月，香河解放。1949 年 8 月 1日，河北省人民政府成立。香河属河北省通县专区。1958 年 4 月，通县专区撤销，香河改属唐山专区。同年 11 月，撤销香河建制并入宝坻县。1959 年 6月，仍属唐山专区。当月地市合并后，改隶唐山市。1960 年 3 月，改属天津市。1961 年 6 月，天津市所辖宝坻(含香河)等县划归河北省天津专区。1962年 6 月，恢复香河县制，属河北省天津专区。1967 年 11 月，天津专区改为天津地区，香河改属天津地区。1974 年 1 月，天津地区改称廊坊地区，香河属之。1988 年 3 月，廊坊地区改廊坊市，辖香河至今。

(二)经济概况

香河县产业基础雄厚，经济发展迅猛。2016 年地区生产总值为 2161059万元，2017 年达到 2507862 万元，均增长 16%。

香河县优化提高第一产业，坚持第二、第三产业并重，突出发展现代服务业。经济结构不断优化，发展活力持续增强，第一、第二产业逐步升级，第三产业发展迅猛。第一、第二、第三产业生产总值占地区生产总值的比重由 2010 年的 15.5∶52.5∶32 优化为 2017 年的 7∶50∶43(图 1-1)。

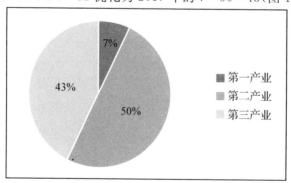

图 1-1　香河县 2017 年第一、第二、第三产业生产总值占地区生产总值的比重

数据来源：《河北经济年鉴》

香河县居民人均可支配收入稳步增长。2016 年，城镇居民人均可支配收入为 36718 元，农村居民人均可支配收入为 15256 元；2017 年，城镇居民人均可支配收入达到 39914 元，农村居民人均可支配收入达到 16567 元。

二、特色产业

(一)香河县特色产业之家具业

香河县家具产业由来已久，最早是由个体企业发展而来的，后来经过南方理念的传入及自身发展规模的壮大，逐渐形成了家具产业链，并享有"南有顺德，北有香河"的美誉。香河家具城占地大约 200 万平方米，知名的家具城有春城家具城、金钥匙家具城、经纬家具城、红星美凯龙家具城等。香河家具城拥有红木家具、实木家具、家居套房、办公家具、宾馆套房家具、中高档沙发、软床、户外类、藤艺类、工艺品类等家具展厅，已经成为北方最大的家具销售集散地，居全国第二位。

香河家具城是北方最大的家具产业基地。香河家具城历经了跨越式发展。尤其是近年来，在香河县委、县政府建设"中国家具之都"发展定位指引下，家具城管委会围绕"平安、诚信、繁荣、卓越"的核心发展理念，科学系统地制订了家具城"二次创业"实施方案，在对行业动态研究、市场建设规划、销售服务追踪、上下游环节贯通等方面进行充分调查研究的基础上，投入专项资金，有序启动了平安建设、诚信建设、物流平台建设等重点工程，创新了周边地区品牌发展论坛、从业人员高端培训等服务模式。香河家具城与中国家具协会、河北省家具协会共同连续主办了四届国际家居文化节，极大地提升了其在家具行业的影响力和号召力。香河家具城已经与中国家具协会签订了长期战略合作框架协议，为推进打造"中国家具之都"进程奠定了坚实的基础。

香河家具城以其发展速度快、整体规模大、品种品牌多、产品规格全、质量信誉好、市场覆盖面广、管理有特色、吞吐量大的优势，在中国北方独树一帜，被国内业界人士和新闻媒体誉为"香河现象""香河模式"和"中国最具发展潜力和活力的家具市场"。在未来发展中，香河家具城将按照"中国家具之都"的发展定位，通过建设大型物流园区、家具景观大道、过街天桥、快捷酒店、美食街、家具博物馆、培训学校等公共服务设施，力争把香河县打造成集购物、观光、休闲、旅游为一体的专业化家具市场，力争尽快实现"造国际影响、创世界品牌"的宏伟目标。

(二)香河县特色产业之荷花产业园区

荷花产业园区辐射面积 6.5 万亩，总规划面积 3.2 万亩，集综合服务区、物流加工区、休闲观光区、现代养殖区于一体。园区内基础设施完备，配有标准化设施设备。水利设施方面，农田灌溉符合《节水灌溉工程技术标准》(GB/T 50363－2018)，室外排水设计符合《室外排水设计规范》GB 50014－2006(2016 年版)，地下水符合《地下水质量标准》(GB/T 14848－2017)，地表水环境符合《地表水环境质量标准》(GB 3838－2002)，生活饮用水符合《生活饮用水卫生标准》(GB 5749－2006)。

科技方面，科研开发以省级以上科研教育或技术推广部门为技术依托单位，每年承担 1 个及以上省市级农业推广项目。加工企业等新型经营主体建立 ISO 9000、危害分析关键控制点(Hazard Analysis Critical Control Point，HAC-CP)等全面质量管理体系，农产品质量安全状况持续向好；农田地膜回收处理，农田地膜残留质量符合《农田地膜残留量限值及测定》(CB/T 25413－2010)，污水排放符合《污水综合排放标准》(GB8978－1996)。园区与国内高等院校建立合作关系，打造荷花精品博览园，采取离子注入法选育荷花新品种，同时引进荷花新品种 200 余种。

该产业园区集吃、游、购、娱于一体。吃——品荷馆：荷花奶糖，荷月奶茶店；游——特色莲子种植：莲蓬采摘，趣味图书馆；购——家具手工作坊：艺术荷花坊，荷花艺术品制品，荷花主题家居用品商店；娱——欢乐采莲节：欢乐农场，全民大绘荷，莲花步道。

央视农业节目《乡村大世界》——"走进河北香河"在园区内成功录制，并在中央电视台第七套播出，使园区的知名度和影响力得到大幅度提升。

服务京津，融入首都，强化产业支撑。"以荷为媒，梯度关联"发展，依托荷花产业园区，深度挖掘香河县历史传承和文化资源，有效融合荷花文化发展经济，将都市农业与现代服务业有机融合，努力打造全国一流的生态文化高地、旅游观光胜地，加速实现与北京错位互补、竞融发展，将"水润荷香，北国江南"生态品牌在京津周边地区全面创响。

(三)香河县特色产业之机器人产业园区

香河县机器人产业园区位于香河经济开发区。园区以机器人产业为主，主要从事机器人研发、机器人零部件生产等工作，涉及机器人产业链中的控制系统、减速器、系统集成、示范应用等多个领域，上、中、下游企业实现了协作共享。

香河县机器人产业园区还建立了深层次、全方位的产业服务体系，包括高级定制服务、业务流程服务、金融服务、行业服务、选址服务、基础配套服务等，以满足处于不同生命周期的企业对服务的不同需求。充分利用交通、政策、人才、成本等优势条件，将园区打造成为机器人"国家火炬特色产业园区"、京津冀地区机器人产业集群、国内重要的机器人研发生产示范区。此外，该园区还利用投资服务、生产服务、企业间交流服务等形成集聚效应，抢占机器人产业制高点。

入驻园区的主要企业有北京柏惠维康科技有限公司、北京汇天威科技有限公司、北京星和机器人自动化技术有限公司等40多家企业，同时，园区与北京航空航天大学、河北工业大学等多所高校合作，进一步落实"产学研"有机结合。

(四)香河县特色产业之汽车配件业

汽车配件业是香河县的传统产业之一，历史悠久，近些年发展迅速。主要汽车配件企业有香河紫辰汽车配件有限公司，该公司主要生产汽车刹车盘、刹车蹄铁及相关汽车配件，经过二十余年的发展，其产品远销欧美等国家。香河海潮制件有限公司也是香河汽车配件业的支柱企业之一，该公司已有多年的生产历史，集车架、副车架、油箱等的研发、制造、销售于一体，在国内同行业中有较高的知名度，其产品主要配套于保定长城汽车集团有限公司、绵阳华晨瑞安汽车零部件有限公司等知名汽车厂商。

(五)香河县特色产业之养老产业

养老产业是香河县近些年新发展起来的朝阳产业。我国老龄化趋势的不断加剧，老龄人口不断增加，养老服务业需求增大，刺激了养老产业的发展，转型升级的需要也促进了香河县养老产业的发展。爱晚大爱城是香河县目前最大的民营养老机构之一，以"大爱之城·乐享社会"为开发理念，打造全配套、自循环的健康养老社区，给居民带来全新的健康养老生活方式，成为辐射京津冀的养老示范基地。同时，爱晚大爱城也是集住宅、商业、酒店、自持型养老公寓等多元业态综合开发为一体，具备城市级完善配套设施的大盘项目。这个项目也必将推动香河县养老产业快速发展。

(六)香河县特色产业之文化创意产业

文化创意产业也是香河县近些年发展的新兴产业之一。文化创意产业作为新兴产业近些年发展迅速，香河县委、县政府也积极支持其发展，香河县涌现了一批文化创意企业。其中，最具代表性的是国华影视基地和中信国安影视特效基地。国华影视基地建于 2007 年，占地 1 万亩，专门从事电视剧制作、复制、发行、节目版权交易及代理交易。国华影视基地先后拍摄了《赵氏孤儿》《辛亥革命》《百年荣宝斋》等电影、电视剧。2009 年，该基地被评为河北省重点建设项目。中信国安影视特效基地建筑面积超过 3 万平方米，由好莱坞大师全程指导、参与设计，并在 2016 年中美电影产业峰会上正式启幕。它也标志着中国电影行业与好莱坞电影制作行业开始了全方位的深度合作。香河县文化创意产业不断成长，迈向一个新高度。

三、名优产品

(一)红星美凯龙家具

红星美凯龙家具是于 1986 年创建的一个家具品牌。其产品除了家具之外还有卫浴、家纺等。2004 年，中国企业文化促进会授予了红星美凯龙"中国企业文化建设十大杰出贡献单位"，红星美凯龙连续多年跻身中国民营企业前 50 位，年销售总额突破 150 亿元，成为中国家居流通行业的第一品牌。其致力于开启一个红星美凯龙式的全新格局。

（二）香河第一城酒业

香河第一城酒业有限公司是廊坊市百强企业，香河县重点骨干企业之一。其主导产品以"第一城"系列酒为主，曾多次荣获国家、省、市"名优产品""消费者信得过产品""金榜畅销产品""质检好产品""社会公认满意产品"等荣誉称号。企业被评为河北省诚信企业，其产品被评为河北省优质产品。

四、重点企业

香河县第一城酒业有限公司

香河县第一城酒业有限公司于 2000 年在廊坊市香河县工商行政管理局登记成立，主要经营范围包括加工，制造，销售白酒、饮料等。公司不断在技术创新推进、管理创新方面取得进步，其良好的质量是取得消费者信赖的重要保证，2003 年该公司通过了 ISO 9001 质量管理体系认证。

香河泰华致冷科技有限公司

香河泰华致冷科技有限公司是泰华集团与香河华北致冷设备有限公司在香河县成立的合资公司。泰华集团是综合性集团公司，拥有石家庄广泰房地产开发有限公司、广通电子科技有限公司等 10 多个下属企业；香河华北致冷设备有限公司是半导体制冷行业的领军者。两者强强联合，为制冷行业助力。

香河泰华致冷科技有限公司总投资 3 亿元，占地约 200 亩，建设生产车间、办公楼等总建筑面积 11 万平方米。年实现销售收入 3 亿元，吸纳就业人员约 600 人。

香河金钥匙国际家居品牌 CBD

香河金钥匙国际家居品牌 CBD 于 2003 年 11 月 23 日正式开业。展厅项目总占地面积 15 万平方米，建筑面积 18 万平方米。它是从事商品流通的大型家具连锁企业，主要从事中、高档家具商品销售并为家具供应商提供产品展示、分销、物流配送及信息服务，是北方规模较大、配套齐全、行业集中、功能强大的超前商业中心。展厅全面引入"一站式购物"模式。经营种类包括品牌家私、家庭用品等。金钥匙国际家居充分满足消费者一站式购物的消费需求，适应了现代消费发展的趋势。

金钥匙一层为综合体验馆，经营着国内家具知名品牌 200 余家，按照家具材质功能又划分成实木套房区、睡眠区、客厅区、沙发区等展区。金钥匙二层为品牌体验馆，展厅内30多部扶梯方便游客在游览过程中使用。金钥匙三层为欧式家具，欧式的装修风格，20多个品牌的欧式家具，不同颜色不同设计，随处可见法国乡村的浪漫、英国皇室的庄严、欧洲贵族的奢华。金钥匙四层为红木典藏馆，幽静典雅的古典装修与红木古典家具相得益彰。

金钥匙国际家居致力于让人们从每一把椅子、每一张床的雕刻中都能看出匠人对传统工艺的传承和不断创新、不断发展的开拓精神，致力于将香河县家居产业发展壮大。

香河华林印务有限公司

香河华林印务有限公司成立于2002年9月，是一家集制作、印刷、装订为一体的大型印刷企业。公司占地面积近80亩，其中生产车间占地9000平方米，办公楼占地1000平方米，辅助建筑占地5000平方米。

经过多年的发展，公司主要承接全国各地高、中档彩色书、报纸、期刊等印刷业务，其产品深得广大客户及消费者赞誉。公司与《北京青年报》《北京晚报》《经济观察报》《新京报》等报社，沃尔玛、华润、家乐福等大型超市以及一些出版社建立了良好的长期合作关系。

公司连续几年被评为重合同守信用单位，被农业部认定为全国乡镇企业中型企业，被中国农业银行河北省分行认证为AAA级信用客户，荣获中国印刷协会授予的中国首届诚信印刷企业殊荣，被河北省包装协会、河北省包装工业办公室评为河北省先进包装企业，被河北省新闻出版局评定为"河北省十强印刷企业"。

香河县华鑫泡沫有限公司

香河县华鑫泡沫有限公司位于河北省香河县秀水街，是中国北方泡沫生产基地的龙头企业。公司始建于2002年，占地面积50亩，注册资金8905万元。公司主要产品为高档软质泡沫、高回弹泡沫、高密度硬质泡沫、泡沫卷材及泡沫原材料等。其产品销售覆盖北京、天津等地区。公司曾荣获"廊坊市百强企业""河北省重合同守信用企业"称号，并通过了ISO 9001质量管理体系认证。经过近几年的发展，该公司已经成为香河县最大的泡沫生产企业之一。

富士嘉利(香河)纸制品有限公司

富士嘉利(香河)纸制品有限公司是一家中日合资企业，主要生产各种规格的中高档瓦楞纸箱和异型纸盒。为了提高企业的质量管理水平，在硬件方面，公司建立了国内一流水平的纸箱检验室，购买先进仪器，聘请专业检验员负责对原材料、半成品、成品进行检验、控制；在软件方面，公司于2001年成立了革新部，对公司的质检人员及生产人员进行了质量管理培训。该公司于2002年12月通过了ISO 9001质量管理体系认证。

香河县忠信厨房设备有限公司

香河县忠信厨房设备有限公司是专门从事研究与生产厨房设备及各种炊事机械的企业，于2001年通过了ISO 9002质量管理体系认证。公司机械研究所是经过河北省科学技术委员会认证的专门科研机构。

公司的前身——北京第一炊事机械厂香河分厂是集科研、生产于一体，实力雄厚的综合性实体。公司主要产品有系列多用切菜机、洗菜机、挤菜机、系列电动面条机、轧片机、和面机，双动和面机，系列揉面机、搅面机、馒头机、电饼铛等，形成了多元化、系列化、配套化的产品格局，年总产量达上万台（套）。该公司建立多年来，发展迅速，业绩辉煌，其产品多次获省、市优秀产品奖。

北京鑫山钢筋钢网有限公司

北京鑫山钢筋钢网有限公司是天津鑫山总公司于2001年投资创建的，是冷轧带肋钢筋及钢筋焊接网的专业生产企业。近年来，公司根据市场需要在冷轧钢筋焊接网的基础上开发出了热轧Ⅱ级钢筋和热轧Ⅲ级钢筋焊接网产品。

项目总投资11000万元，占地54.8亩，生产车间、办公楼、职工宿舍及相关附属设施等总建筑面积约27000平方米。

香河丽乐嘉纸制品包装有限公司

香河丽乐嘉纸制品包装有限公司是一家集设备研发、设计、生产于一体的现代化公司，主要生产和经营各种纸箱、纸盒、精制箱、彩箱、彩盒等高档纸制品包装。公司总投资3亿元，于2009年11月开工建设，2010年11月一期竣工投产。公司产品应用领域十分广泛，市场前景广阔。

廊坊成和办公家具工程有限公司

廊坊成和办公家具工程有限公司系香港成和集团下属分公司。香港成和集团成立于1987年，其产品主要出口美国、欧洲、澳洲、新加坡、马来西亚、印度等国家。公司产品主要包括：各类钢制文件柜、校园家具、实验室家具、金融控制台、档案柜等。公司于 2004 年通过了 ISO 9001 质量管理体系认证。

全友家私有限公司

全友家私有限公司创建于 1986 年，经过多年的发展，已成为中国研、产、销一体化的大型家具龙头企业。作为中国规模最大的家具制造企业之一，公司拥有共计占地 6000 余亩的 4 大制造基地，30 多个专业分厂、20 多个驻外销售服务机构、3000 多家专卖店。

公司打造了一支由中国、意大利、德国、丹麦等国家的 200 多名设计师组成的跨国研发团队，在中国成都、深圳、意大利米兰设立了 3 个研发中心。公司主要研发、生产板式套房家具、沙发、餐桌椅、床垫、软床、办公家具等系列产品，涵盖 50 多个系列、6000 多个产品款式，是中国家具制造业为顾客提供"一站式家居服务"的典范，赢得了"绿色全友，应有尽有"的美誉，为顾客实现温馨家居梦想提供了最大化的满足。公司产品连续多年畅销全国，并远销多个国家和地区，产品销量在全国同行业中连续多年遥遥领先。

全友以建立信息化、服务型家具制造企业为目标，全面推进企业信息化战略，引进国外产品研发信息管理系统，并凭借强大的自有 IT 管理团队，开发出一整套供应商管理、品质管理、客户管理、终端运作管理系统，实现了从产品研发设计、采购、生产制造、物流、销售，到顾客售后服务的全价值链信息化集成管理，从而整合产业上、中、下游资源，为顾客提供卓越的产品和优质的服务，以此创造出领先行业的顾客满意度。2012 年，全友家居与中国水上运动国家队正式签约，成为水上运动项目——帆船帆板、赛艇、皮划艇等的战略合作伙伴。同年 6 月，全友家居以行业第一的品牌价值，入选"中国 500 最具价值品牌"排行榜，连续三年蝉联中国家具行业榜首。

全友以"成为世界级家居用品开发制造商与服务提供商"为企业愿景，以"创造美好家居生活"为企业使命，贯彻"客户是水，全友是鱼；员工是水，全友是鱼；社会是水，全友是鱼"的企业文化，通过持续的制度创新、技术创新、管理创新，以国际化视野，竭诚为广大客户提供高品质、多样化的家居产品和服务，引领舒适、环保、健康的家居生活方式。

香河华美公司

香河华美公司前身为香河利发粉末冶金制品有限公司。现下设华美粉末冶金制品有限公司与华美齿轮有限公司两家分公司。公司技术力量雄厚，其产品多次荣获县市科学进步奖，是河北省科学技术委员会认定的高新技术企业、廊坊市工商局认定的重合同守信用单位。经过多年的发展实践与探索，公司已建立健全完善的管理手段和质量保证体系，2001年已通过ISO 9001质量管理体系认证。

华美粉末冶金制品有限公司

华美粉末冶金制品有限公司拥有十几年的粉末冶金制品生产经验，是生产铁基、铜基粉末冶金制品的专业科技型企业。作为中外合资经营企业，该公司具备先进的生产设备、模具制造设备和现代化实验检测仪器。公司主要产品包括：刹车盘防抱死制动系统齿圈、发动机及变速箱上各类粉末冶金零件等。目前，公司产品主要销往天津一汽夏利有限公司变速器分公司、浙江吉利汽车有限公司、安徽奇瑞汽车有限公司、江西江铃汽车股份有限公司、上海华普发动机有限公司。其中销往天津一汽夏利有限公司变速器分公司的配套产品均为免检产品，部分产品远销美国、日本等国家和地区。

华美齿轮有限公司

华美齿轮有限公司成立于2006年9月，主要生产各类变速箱齿轮与轴类等。设有齿毂机加工、齿套机加工、热处理、装配4条生产线，生产品种主要包括变速箱同步器、轴两大类，拥有拉床、数控机床、插齿机、剃齿机等先进设备和韦氏硬度计、齿形齿向检测仪、轮廓仪等检测仪器。公司主要客户包括天津一汽夏利有限公司变速器分公司、株洲齿轮股份有限公司、浙江大业变速箱公司等多家企业。

河北安旭专用汽车有限公司

河北安旭专用汽车有限公司自成立以来，一直致力于环保和应急公众事业，自主研发环卫专项作业车和应急宣传平台。在产品上，公司自主研发的多功能自动避障除雪车已通过国家级法定检测机构检测，通过国家工信部公告，并且符合ISO 9001质量管理体系标准，取得中国质量认证中心的强制性产品认证以及国家颁发的型式核准证，符合国家环保标准。在此基础上，公司继续研发了车厢可卸式垃圾车、后装压缩式垃圾车、扫路车、清扫车等。同时，公司已申报获得实用新型专利共8项，分别是智能雏禽专用运输车、一种可升降的双层车厢及包括该车厢的展示车、推雪板的自适应自动避障装置、撒布机撒布装置、撒布机皮带链板复合式送料装置、一种风速检测装置、雏禽运输车用加湿器、车载发电机空气悬挂系统；申获关于车载发电机空气悬挂系统的发明专利 1 项。公司在科技研发过程中，共投入研发费用大约 300 万元，实现产值约 3500 万元。

除上述实用新型专利和发明外，公司已采用的新技术有：滚刷刷毛磨损自动补偿技术；滚刷转速无级调整技术；推雪板具双级自动避障技术；撒布机撒布量、撒布方向及撒布宽度精确控制技术；"撒布机参数自动与车速关联"技术；"一车多用"技术，即一辆车实现多种功能，满足不同作业需求；"集中控制"技术；"微电脑控制"技术等。

香河海潮制件有限公司

香河海潮制件有限公司是生产汽车零部件的企业，公司主要产品有皮卡车架、SUV 车架（可与国内各种型号车身覆盖件相匹配）、副车架、军用防弹车架、四驱皮卡车架及油箱等。

公司设有研发中心和理化实验室，几年来先后研制了纵梁内外板落料机、新型气动组焊胎等，大大提高了产品精度和劳动效率。通过 TS 16949 认证和油箱产品的 3C 认证（中国强制性产品认证），荣获省级对标先进示范企业和省级高新技术企业的称号。

香河天音乐器有限公司

香河天音乐器有限公司是"爱迪牌"手风琴的专业生产厂家。公司始建于 1975 年，注册资金 150 万元。公司技术力量雄厚，产品质量可靠。其产品有 8 贝斯至 120 贝斯 20 多种规格、30 多种花色的键盘式手风琴。自 2000 年新公司成立以来，天音公司自行研制了 8B-120B 的巴扬式手风琴，已正式投入市场。公司产品主要销往德国、俄罗斯、意大利等国家。"爱迪"商标是香河县首个全国驰名商标。

多维联合集团有限公司

多维联合集团有限公司主要从事大型钢结构房屋的营建事业。历经多年发展，公司现已发展成以钢结构和围护板材为核心产品，集设计、生产、施工、营销于一体的综合实力较强的高新技术企业。公司总部位于北京中关村科技园区总部基地，在北京、天津、新疆等地建有 12 家子公司。

廊坊爱依瑞斯家具有限公司

廊坊爱依瑞斯家具有限公司是集研发、生产、销售、服务"四位一体"的全国大型软体家具企业。其主要产品有布艺沙发、软床、弹簧软床垫、皮沙发、皮床等，产品畅销全国各地，远销亚洲、美洲、欧洲等的 50 多个国家和地区。

廊坊爱依瑞斯家具有限公司 2011 年荣获中国环境标志产品认证，公司布艺沙发荣获河北省优质产品荣誉称号，同时公司荣获河北省质量管理活动优秀班组荣誉称号，2012 年公司通过 ISO 9001 质量管理体系认证、ISO 14001 国际环境管理体系认证，其产品在历届各级各类家具博览会上获得的各种荣誉称号络绎不绝，深受广大消费者的喜爱。

五、招商引资

(一)香河经济开发区

香河经济开发区是 1993 年 1 月经河北省政府批准建立的省级经济开发区。已有中信国安集团、美国哈斯科集团、阿尔特汽车技术有限公司、泰国正大集团、香港鑫义科技等知名企业在区内投资兴业。香河经济开发区内的会展旅游、装备制造、新型建材等主导产业形成规模。

按照全面实施战略转型，打造"产城一体"的高端产业聚集区的新定位，香河经济开发区将建成西部以第一城和银宝街为核心的商务会展区，中部以运河开发及运河生态城为核心的旅游休闲度假区，东部以装备制造业、总部经济为主的工业区。香河经济开发区选商择资面向行业领军型企业，以引入总部经济、现代服务业和高端新技术产业项目为主。一批投资规模大、科技含量高、市场前景好的装备制造业和新型建材企业纷纷入区落户。

(二)香河县特色园区之新兴产业示范区

新兴产业示范区位于香河县北部，示范区管理委员会坐落于京哈高速出口北侧 1 千米处。

根据《河北省环首都新兴产业示范区开发建设方案》的要求，省政府将香河县建设为新兴产业示范区，即香河示范区，新兴产业示范区位列其中。示范区东与天津宝坻区交界，南至京哈高速公路，西与北京通州区交界，北与三河交界。示范区的产业定位以电子信息产业、高端装备制造产业、生物产业、节能环保产业和新材料产业为主导。

(三)招商引资情况

香河县主要出口企业是生产汽车配件及电子零件企业,出口市场多元化特征明显,出口 15 个国家,主要贸易伙伴分别为欧洲、亚洲、北美洲和南美洲的国家和地区。

改革开放以来,香河县抓住改革开放的机遇,利用国家的政策优势,集中力量招商引资,利用外来的资金、技术,结合区位优势大力发展经济。

起初,香河县的招商引资主要集中于第二产业,重视工业企业,现在在"新常态"的形势下,重点发展高新技术企业、特色服务业,建立了"引进退出"体制。第一,变"以区位优势为主"为"以资本引入为主";第二,变"以资本引入为主"为"以技术引入为主";第三,变"以第二产业为主"为"以第三产业为主";第四,全力服务于北京,变"单一招商"为"产业招商";第五,变"政府招商"为"专业招商",招商的宗旨为"依托两城,开发两河,建设三区"。

香河县招商引资围绕"建设美丽幸福新香河"的发展目标,秉承"搞活流通,提升消费"的基本理念,创造性地开展工作,如招商合作、对外贸易、商贸流通、市场监管等主要工作,在维护市场稳定运行的同时,积极推进各项政策的落实,在着力提高工作效率的基础上强化服务措施,取得了一定的效果。

(四)招商引资的十条措施

第一条 持续推进招商引资。围绕三个香河战略定位,结合香河县产业发展基础和趋势,开展形式多样的产业招商活动。一是开展产业链招商活动,沿链招商,围绕产业龙头引进上、下游企业,强化产业链;积极整合机器人等企业集群,实现传统产业的改造升级和产业资源的优化配置。二是围绕招商路线图开展招商,以香河县已制定的招商路线图为引领,以国家级商协会为媒介,锁定重点,精准招商。

第二条 加强商贸市场建设。一是利用"12312"商务服务平台,及时受理,妥善处理商务领域的政策咨询和举报投诉,开展政策及咨询服务,及时坚决遏制不良苗头,维护商贸市场稳定。二是进一步加强商务领域内的市场监管工作，做好相关文件的发放与管理，规范市场秩序。三是做好大气污染综合整治工作。

第三条　加快发展现代服务业。紧紧抓住京津协同发展的大好机遇，积极承接北京非首都功能转移外迁服务业企业，提高香河县发展现代服务业质量和水平。做好香河县服务业企业入统工作，培育更多服务业市场主体，推动经济转型升级。

第四条　努力扩大外贸进出口。一是加大国内国际市场开拓力度，组织企业参加各项经贸活动，增强企业开拓国际市场能力，努力扩大外贸出口。二是强化服务，竭力为外贸进口企业解决实际困难和问题。三是狠抓外贸主体队伍建设，扎实发展基础，进一步加大对备案登记工作的宣传，做好对新增外贸企业的业务指导。

第五条　推进电子商务建设。一是实施"农村电子商务全覆盖"工程，该工程以"农产品进城"和"工业品下乡"为核心，依托村级电商服务站点，以物流网络为沟通载体，实现让广大农村地区群众享受到与城镇居民一样的购物消费环境。二是开展电子商务示范创建活动，组织产业园区和企业积极申报省级和国家级电子商务示范基地和示范企业，发挥优秀电商企业示范引领作用。三是培育电子商务综合服务平台，促进商贸物流领域流通发展，推动商贸企业开展电商服务。

第六条　优服务拓市场，促进外贸出口。目前，香河县骨干出口企业有：香河旭明源汽车配件有限公司、紫辰汽车配件有限公司、华北致冷设备有限公司、晟朗电力电子有限公司等。汽车配件出口额约占全县出口总额的58.3%，电子零部件出口额约占全县出口总额的20.8%。香河县要积极抓好争资立项，为中小企业提供资金支持。

第七条　搞好政策协调，做好管理服务工作，及时了解和学习外贸进出口政策，为企业做好政策解读、申办咨询等后续管理服务工作。

第八条　加大宣传力度，组织企业参展参会，帮助企业及时掌握最新外贸政策，加快企业转型升级，做大做强，同时，采取"政府搭台，企业唱戏"的形式，借助互联网及展销信息等其他渠道，组织企业参加国内外的各种贸易洽谈会、展览会，广泛组织企业开拓国外市场，努力提高对外贸易的质量和水平。

第九条 开展培训，全面提升香河县从业人员的知识技能。采用有效的方式，开展培训工作，围绕信息技术、商务营销、供应链管理、电子交易等方面开展培训工作，落实省市"大智移云"产业发展任务，推动"互联网＋流通"行动计划，培育一批电子商务龙头示范企业，发挥其带动作用，激发调动全县企业应用电子商务的积极性。

第十条 稳步推进大气防治。开展加强安全生产、规范生产运营的培训会，对各加油站点开展加强安全生产、规范生产运营的培训会，并对各加油站的安全生产制度加以落实，对购销台账制度进行实地检查，尤其是油品升级、油气回收系统装置的维护和正常操作使用。顺利完成相关资金补贴的发放，在细节上为企业着想，做到让服务主体满意。

六、现代农业

(一)现代农业概况

香河县依托资源特色、开发前景及区位优势，立足城市居民乡村休闲与农耕体验旅游需求、生态农业及文化积淀，打造休闲与观光相协调、乡村与农业相结合、文化与产业相促进的综合型乡村旅游景区，力争实现生态效益、社会效益、经济效益等相统一。具备现代化农业的规划力求功能定位，布局合理；基础设施齐全，具备现代化设备设施；科技应用方面，科技开发以省级以上科研教育或技术推广部门为技术依托单位，并开展示范推广、教育培训和标准化生产等多项工作。

(二)东方千年古葡萄庄园

东方千年古葡萄庄园坐落在香河县安头屯镇，是一家立足发展高档庄园葡萄酒，集种植、酿酒、休闲娱乐和生态旅游于一体的葡萄庄园。庄园以"燕赵文化"为内涵，以自然生态为依托，顺应"和谐"旅游发展的趋势，以保护和利用为可持续发展方向，遵循"确立目标，形成系统，分区规划，分期实施，团队发展，持续经营"的原则，发展集燕赵古文化脉络、乡村民俗风情、农林生态休闲、花木集约发展和高档休闲娱乐等于一身的，融合文化体验主题旅游服务业和休闲农林项目建设于一体的文化旅游绿色休闲区。

庄园拥有专业酿酒葡萄种植园，占地 1000 亩，苗木皆是从被列为世界非物质文化遗产的著名牛奶葡萄之乡的河北宣化引进的宣化牛奶葡萄，品质优异。

庄园对酿酒原材料——葡萄的种植管理精益求精，以保证葡萄质量为第一原则，由庄主、种植师、酿酒师亲自管理，并聘请国内外葡萄种植专家定期对种植工人进行技术指导和培训。庄园还与国内著名科研机构合作，成立了东方葡萄技术研究中心，开展葡萄新品种选育和适应性、葡萄优质、无公害栽培技术和优质酿酒菌种的培育等多项研究。

(三)乐农美联生态农场

乐农美联生态农场是一种以原生态和农业为载体，与旅游、餐饮、娱乐、种植和养殖相结合的新型农业特色产业。农场总投资约 1 亿元，占地 300 亩，主要划分为阳光暖棚种植区、蔬菜种植大棚、精品采摘园、养殖区、生态木屋住宿区、农家特色小吃街和办公区等几大区域。

蔬菜种植大棚抗风雪能力强，透光率高，拥有智能温室，配备计算机控制的可移动天窗、遮阳系统、保温系统、升温系统和湿帘风机系统等自动化设施，实时监测棚内的温度、湿度、土壤水分等，系统将采集的信息接到上位计算机上进行显示，使管理人员能及时采取相应措施来确保室内的环境正常。精品采摘园以果树为主，园林植物为辅，三季赏花，四季品果，是集游园观赏、科普文化、休闲品尝、农耕体验于一体的果品蔬菜采摘区。养殖区以生态养殖为核心，利用无污染的水域，改善养殖水质和生态环境，按照特定的养殖模式进行增殖、养殖，投放无公害饲料，生产无公害食品。农家特色小吃涵盖了 4 种理念：一是味道鲜美；二是洁净健康；三是吃得开心愉快；四是深厚的农家韵味。农家特色小吃街将香河县及全国各地极具特色的民族风味小吃、精致小点和特味小菜纳入其中，打造极具特色的以"吃住农家"为主题的农家特色小吃。

(四)盛年华蘑菇种植专业合作社

香河县盛年华蘑菇种植专业合作社以种植蘑菇为主，种植少量木耳，全部采用林下种植，以达到林下资源的充分利用。合作社的机械化程度较高，有自动拌料机、自动装袋机、高温环保灭菌锅炉等设施设备。

合作社建立了"五位一体"的运行机制,即龙头企业＋科研机构＋政府＋基地＋农户。合作社采取统一建棚,统一采购原材料,统一引进菌种,统一标准化菌袋和栽培基料,统一免费为农户提供技术指导,统一品牌销售鲜蘑菇,农户分散生产的经营模式,生产、加工、销售体系完善,其产品主要销往京津地区及深加工外贸企业。合作社在发展壮大的同时,将带动周围农民生活水平的提高。

(五)东昊家庭农场

香河县东昊家庭农场坐落于香河县刘宋镇,是集苗木种植、观光、采摘、垂钓和餐饮于一体的家庭农场。农场占地面积 260 余亩,2015 年被评为市级优秀家庭农场。

东昊家庭农场推广换代的园林绿化树种,拥有玉兰、红豆杉、北栾、白蜡、北美海棠、丁香、榆叶梅、红枫、碧桃、牡丹、芍药、欧洲月季等各种花木,为推动现代化种植产业的发展起到了积极的示范和引领作用,带动了周围农户的发展。

七、美丽乡村

(一)美丽乡村概况

香河县围绕"保留村就地改造,中心村联并建"的原则,围绕"四美四化"目标,因地制宜,分门别类,对全县所有村街进行改造提升。努力打造"环境美、产业美、精神美、生态美"的美丽乡村;集中精力打造一批精品村街、精品路线,形成一批以采摘观光、农事体验和乡村旅游为主题的美丽乡村示范片区,实施高标准农田建设项目和桥闸新建改造工程,改善农业生产条件,深入开展农村劳动力转移培训和实用技术培训;强化农村法治宣传教育,健全规范村规民约,提升村街法治建设水平和自我管理、自我服务能力。

(二)美丽乡村之刘宋镇

"出淤泥而不染,濯清涟而不妖",刘宋镇地势低洼,多盐碱地,适宜荷花的种植。该地以种植荷花为契机，打造京畿之湿地，加快美丽乡村的建设。

(三)美丽乡村之安平镇

安平镇毗邻京津两地，交通便利，中信国安影视特效基地便坐落于此。近年来，安平镇抓硬件，带软件，抓具体，促深入，全面开展道路建设、生态绿化和环境提升工作，促进美丽乡村建设。

(四)美丽乡村之蒋辛屯镇

蒋辛屯镇位于京津之间，交通便利。京沈高速、密涿高速和省道大香线横穿其中。近年来，将辛屯镇进行镇区改造，完善基础设施，由廊坊市委、市政府批准的"香河开发区蒋辛屯工业园区"已经启动，蒋辛屯镇政府注重工农并举，在农业上主要发展特色养殖，已成为京津农副市场的主要供应地。

八、香河县经济发展中存在的问题

(一)户籍管理问题

香河县城镇化进程较快，但也出现了一系列的问题。户籍制度管理问题，使得许多农民无法享受和城镇居民一样的待遇，形成流动人口。

(二)产业结构不合理

产业结构过于单一。传统家具制造业、建材、汽配业竞争力优势不再明显；低水平下的产业过剩，高消耗、高成本；各类产业普遍分散，集中化程度较低，缺乏有效的合作，技术生产能力过剩；高新技术不足，缺乏自主创新能力。

(三)环境污染严重

香河县长期片面追求经济发展，忽略了环境保护的问题。大气污染现象较严重，水质污染、噪声污染、光污染等不可忽视。资源不足且浪费现象严重，环境治理理念不足，环保财政支出总额不足且结构不合理。

(四)基础设施不完善

香河县基础设施不完善,制约了经济发展与人民生活水平的提高。交通拥堵亟待解决;部分地区电力资源不足,尤其是夏季,经常发生停电现象,影响了人们的正常生活与作业;水资源不足,季节性缺水现象严重,水污染与排水、抗涝等问题有待解决。

(五)民生问题亟待解决

对于民生问题关注度不足。教育资源分配不合理,医疗体制不健全,存在看病难、看病贵的现象,就业难也是关系民生的主要问题之一。

(六)政府需转型升级

政府的服务水平需要进一步提高。一些地方政府缺乏"为人民服务"的精神,民意信箱形同虚设,政府需要进一步简政放权。

九、促进香河县经济进一步发展的建议

(一)推进新型城镇化,构建现代城乡体系

1. 扩大城镇规模,加强城镇改造

一是扩大城市品质规模,积极融入京津冀城市群建设,强化城市经营理念,坚持产城一体,以产兴城,全力打造首都特色卫星城和花园城市。二是加强城市格局管理和统筹协调功能,整合部门资源,完善联动机制,构建齐抓共管的"大城管"格局,强化精细管理。三是提升镇区建设水平,坚持全域城镇化导向,统筹推进各镇镇区建设,构建定位清晰、特色鲜明、功能完善和生态宜居的现代化城镇体系。

2. 改造重点街道,完善空间布局

一是设立专项资金支持城区改造街道、升级管网、完善设施,增强镇区承载力,打造特色样板街道,把握新型城镇化内涵,引导各镇立足于自身优势,发展特色产业,打造商贸强镇、旅游名镇,争取更多镇跻身国家级和省级重点镇行列。二是优化城乡空间布局,坚持规划引领,建管并重,打开城

市框架，拓展建设空间，加快完善"一城两带四组团"空间布局。一城，即县城区；两带，即潮白河和北运河城市发展带；四组团，即淑阳镇组团、安平镇组团、钱旺—渠口组团和五百户—安头屯—刘宋组团。

3. 建设互补城镇，紧随时代潮流

一是提升城市扩容升级，坚持集约发展，做优增量，盘活存量，限定容量，全面提升老城区，加快建设新城区，重点推进城中村改造，提升城市的通透性。二是构建城镇与城镇之间的关系构筑功能互补型的城镇体系，缩短城镇与城镇之间的距离，形成各具特色、布局合理、资源共享的城镇体系，实现区域共同发展，有的小城镇可以纳入县级城市的一部分，使小城镇进一步发展。三是完善城市功能，积极开展智慧城市、洁净城市、海绵城市建设，运用云计算等，逐步孕育开放的城市创新生态。

(二)加快产业结构优化升级，实现经济转型发展

1. 树立正确理念，提升整体素质

一是坚持"全员抓经济，重点造环境，集中精力上项目"的工作理念，按照"一产抓特色，二产抓优化，三产抓突破"的产业发展思路，遵循产业结构演化规律，通过技术进步，促使产业结构整体素质和效率向更高层次不断演进。二是要实现经济的提高和经济持续稳定健康增长，就必须从战略高度把握。产业间和产业内各部门间通过合理关联和组合，使组合后的整体功能大于单个产业或单个部门的功能之和。以产业结构合理化促进产业结构高度化，以高度化推动产业结构在更高层次上实现协调。

2. 提高自主创新能力，加快产业园建设

一是提升自主创新能力，实现将创新作为发展的立足点，按照"自主创新，重点跨越，引领未来"的发展方针，大力发展高新技术产业，加大前沿领域的资金与技术投入。二是推进资源向产业集中，产业向园区集中，园区向城市集中。三是全力打造东部产业新城建设，加快新兴产业示范区东拓西进，推进环保产业园战略转型升级。

（三）坚持绿色发展理念，实现可持续发展

1. 节能减排，绿化美化环境

一是节能减排，减少二氧化碳等主要污染物的排放，优化能源结构，大力推进太阳能、生物能等新能源的利用。二是积极推进节能改造技术，加快节能技术的研发与推广应用，避免以牺牲环境为代价推进工业化与城镇化，改善生态环境。三是城镇绿化美化，面向更高品质、更高层次推进绿化工作，打造景观节点，提升绿化品位，确保森林覆盖率稳中有升，开展生态廊道、环京津林带等造林工程。

2. 五水共治，加快湿地建设

一是水系景观建设，坚持治污水、防洪水、排洪水、保供水、抓节水"五水共治"，全面实施水环境综合整治工作。二是湿地建设，湿地建设包括河流湿地和人工湿地两个类型，全面改善公园水质，加强对湿地的保护、科普宣传、旅游观光和体验休闲等工作的统筹安排，保护湿地公园的生物多样性。

（四）完善基础设施建设，筑牢率先发展平台

1. 加快道路建设

一是完善对外交通体系，优化内部循环，提升路网整体升级，构架四横四纵，四横即通宝路、唐通线、双安路、倪李线，四纵即运河大道、大香线、平香线、蒋渠线。二是打通老城区断头路、升级小街道、美化主干道，拓延淑阳大街、新开大街等重点街道。三是加快建立与新城发展相适应的智能化交通管理体系，提高通行效率，加强智能技术的应用，将数据通信传输技术、电子传感技术及计算机处理技术集成应用于整个交通管理体系。四是提升绿色低碳交通比例，改善居民出行条件，提升城市宜居水平，让城市公共交通成为贯穿城市的绿色脉络。

2. 提高供水、排水及供电能力

一是保障充分的水资源供给，完善输水管网及供水配套设施建设，形成多水源供水，优化调度资源配置格局，实现村落集中供水；强化城乡排水能力，建立完善的排水系统，逐步改造合流管道，建设污水截流设施。二是完善电力供应保障能力，大力提高信息化水平，提高电网配电输送能力，新建、

扩建变电站，提高地区联络化率。

(五)注重发展教育、科学、文化、就业、养老事业

1. 注重发展教育事业

推进素质教育，促进教育事业科学发展，办好人民满意的教育，科学合理配置资源，缩小城乡校际办学差距，有效促进区域教育协调发展，改善办学条件和教师办公、生活条件，建立健全校长公开选拔、教师动态补充转岗交流和考核评价机制，提升公共教育均等化水平，建立财政支出向基础教育倾斜的长效机制，保障教育投入依法增长。确保教育设备达到省级水平，进一步加强教育信息化工作，全力推进"三通两平台"建设。

2. 注重发展科学事业

突出发展民生科技保障体系，推动医疗卫生管理体系的信息化，逐步完善农业科技服务体系，完善科普教育体系，提升全县人民的科学文化素质，推进全县科学技术进步，重点服务建设低碳科技示范体系，开展低碳技术的应用示范。

3. 注重发展文化事业

完善公共文化设施，进一步完善社区和乡村文化服务设施。积极开展群众文化活动，完善镇村综合文化站、农家书屋等基础设施，充实人才队伍，提升公共服务能力，加强文化产业的载体建设、项目建设和人才队伍建设，坚持将社会效益放在首位，实现经济效益与社会效益的统一，保护非物质文化遗产，增强城市的文化魅力，推动经营性文化产业的发展。弘扬社会主义核心价值观，培养人们助人为乐、见义勇为、敬业奉献的精神。

4. 注重就业问题

多渠道促进就业，贯彻落实"就业优先"策略，将加强就业公共服务体系建设和完善培训体系作为重点，积极做好就业服务和就业援助工作。对接市级人力资源市场管理体制，全面提高劳动者就业能力、创业能力和职业转换能力，完善困难群体就业政策和创业扶持政策，发挥好税收政策和专项资金的引导作用，保护劳动者合法权益。

5. 注重养老问题

实施社保提升工程，实施事业单位养老保险制度改革，建立与城镇职工

统一的养老保险制度。加大城乡居民社会养老保险财政补助力度，建立高龄老人补贴制度，提升老人的生活质量。

(六)加强政府自身建设，全面提高政府的科学执政水平

1. 加快政府转型升级，建设服务型政府

一是加强法治型政府建设，依法规范行政权力，推行职能部门问责制，建立健全行政执法依据公开制度，转变政府职能，提高行政效率，加强廉政建设，增强政府的执行力和公信力，建设法治型、效率型、服务型政府，深入推进"简政放权，放管结合，优化服务，切实提高执政水平"。二是加强效率型政府建设，加强服务型政府建设和加强廉洁勤政建设，规范政府采购、应用政府服务的合同管理模式，进一步提高公共支出的效益，提高人员队伍整体素质，增强其服务意识和办事能力。

2. 权责分明，加强组织领导建设

加强组织领导，明确责任分工，建立考评机制，健全社会监督制度，将依法监督、民主监督、司法监督、新闻舆论监督和社会监督等监督有机地结合起来，鼓励公民为规划实施建言献策。改善民生和公共服务职责方面的评价机制，形成层次清晰、责任明确、运行规范的领导机制和上下统一、左右协议、运行高效的机制。

3. 树立正确工作作风，完善政策措施

一是倡导真干、实干、苦干、巧干的工作作风，推动建立不能腐、不敢腐、不想腐的长效机制，建立财政资金优先满足教育、医疗、环境、交通等领域公共服务支出的保障机制，解决工作中的不规范、不协调、不顺畅的问题。二是充分利用政策，健全政策体系，加强项目管理，加快项目落实，注重规划衔接，实施规划评估，规划调整，完善财税政策，加强对公共服务的支持，吸引高端人才。

参考资料：

[1]建制沿革，香河地方志，https：//www.xhdfz.com/page-13.html，2020-05-18.

[2]地理位置，香河地方志，https：//www.xhdfz.com/page-11.html，2020-05-18.

[3]香河县人民政府网，http：//www.xianghe.gov.cn/，2020-05-18.

[4]香河县商务局 2017 年政府信息公开工作年度报告(2018-02-03).

[5]香河县统计局．香河县国民经济统计资料汇编(2009—2016).

第二章 青县经济发展调研报告

高永国　赵国华　高子英　魏晶晶　于明辉　门丽卉

摘　要： 青县是大运河河北段的重要节点。本章首先从青县的概况、特色产业、名优产品、重点企业、招商引资、现代农业和美丽乡村等方面进行了介绍。其次，分析了青县经济发展中存在的问题，包括创新能力尚有不足、转型升级任务艰巨、节能减排压力较大、外向型经济有待提高等。最后，针对这些问题，提出了实施创新驱动发展、促进转型升级发展、实现绿色持续发展、推进外向开放发展的建议。

关键词： 经济概况，特色产业，重点企业，现代农业，美丽乡村

一、青县概况

（一）青县的历史沿革

今青县境，自汉高帝时期置参户县，先后称长芦县、芦台军、乾宁军、永安县、乾宁县、会川县。明洪武八年（1375年）始称青县，相沿至今。1928年道制废，青县直属河北省。1937—1943年，青县日伪政权称青县公署，1943年改称县政府，隶伪河北省公署津海道。1939年12月，成立中国共产党青县委员会，隶属冀中区三地委（1940年8月冀中三分区改称八分区，三地委改称八地委，青县县委改属八地委）。1942年5月撤置。1944年7月，八地委决定建立青县工作委员会，驻地泗庄村。同年，与沧县、交河连壤区建青沧交县。1945年6月，恢复青县县委，驻地厚召官村。1946年驻东嵩

坡村。1947 年 6 月 14 日青县解放。11 月，中共沧州地委决定撤销青县县委，建立青县工作委员会，驻地厚召官村。1948 年春，恢复青县县委。11 月，县委机关迁驻县城。1949 年 8 月 1 日，河北省人民政府成立后，青县属河北省人民政府沧县督察专员公署。1952 年 11 月，青县划归天津专区。1958 年 6 月，天津市归属河北省后，沧县专区与天津专区合并，称天津专区，专署驻天津市。同年 11 月 1 日，河北省人民委员会批准撤销青县建置，并入静海县，属天津专区。1961 年 6 月 1 日，恢复沧州专区，同时恢复青县建置。1986 年 4 月 5 日，青县改属沧州市。1993 年 7 月，沧州地、市合并，称沧州市，青县隶属沧州市。

(二)青县经济概况

2017 年，青县地区生产总值为 1871849 万元，同比增长约 0.5%。其中第一产业实现产值 482893 万元，第二产业实现产值 704436 万元，第三产业实现产值 684520 万元。2017 年，第一产业占地区生产总值的比重为 26%，第二产业占地区生产总值的比重为 38%，第三产业占地区生产总值的比重为 36%(图 2-1)。固定资产投资实现 2294237 万元，同比增长的 8.9%。

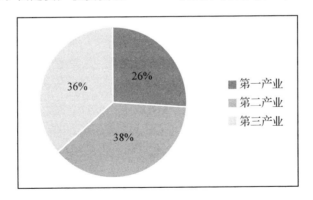

图 2-1　青县 2017 年第一、第二、第三产业生产总值占地区生产总值的比重

数据来源:《河北经济年鉴》

1. 农业

青县农业农村工作取得新进展。2017 年，青县粮食总产量为 186222 吨，农作物种植面积达到 71881 公顷，与前几年相比下降明显(图 2-2、图 2-3)。

近几年，在美丽乡村发展建设过程中，青县现代农业发展水平稳步提高。

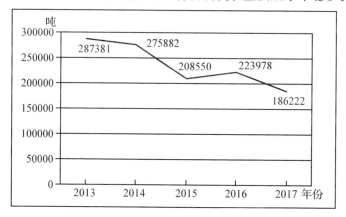

图 2-2　青县 2013—2017 年粮食总产量变化趋势图

数据来源：《河北经济年鉴》

图 2-3　青县 2013—2017 年农作物种植面积变化趋势图

数据来源：《河北经济年鉴》

2. 工业

工业持续健康发展。2017 年，青县全年规模以上工业总产值达到 1567724 万元(图 2-4)。近年来，青县工业经济规模不断扩大，截至 2017 年，青县累计新增市场主体达到 1.3 万家，1400 多家个体工商户升级为小微企业。新兴产业发展迅速，精密设备、新能源电动车等产业产值占全县工业总产值的比重达到 1/3，是青县经济发展的新动能。电子商务初具规模，培育较大规模电商22家，全县中小企业电商应用普及率超过70%，交易额突破5亿元。传统产业不断壮大，电子机箱行业产值突破了100亿元。

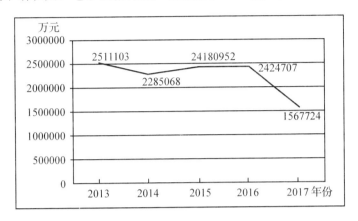

图2-4 青县2013—2017年规模以上工业总产值变化趋势图

数据来源：《河北经济年鉴》

3. 服务业

服务业以较快速度增长。2017年，青县第三产业实现产值684520万元，同比增长7.4%，占地区生产总值的比重由2016年的34.2%提升到了36.5%。青县坚持部门指导、企业运作，着力推进电商发展的软硬件平台建设。全县拥有青鸟农牧、掌上青县等规模较大的微商200余家，拥有淘宝、京东等平台网店2000多家；建成农村电子商务服务站80多个，农村电子商务覆盖率显著增加。同时，扶持建设了金柜网电子商务平台，将青县机箱产业经营引向互联网模式。积极推进与京东集团战略合作，筹备建立了京东沧州馆，"大司马"蔬菜、"青县羊角脆"、"小放牛"冬菜等青县土特产品，通过网络走出青县、走向全国。整合蔬菜产业、红木文化、运河文化、武术文化等特色资源，启动青县旅游规划编制工作。

4. 城乡居民收入

城乡居民收入稳定提升。2017年，青县城镇居民人均可支配收入31444元，同比增长8.9%；农村居民人均可支配收入为15132元，同比增长9.0%（图2-5）。

图 2-5　青县 2013—2017 年城乡居民人均可支配收入

数据来源：《河北经济年鉴》

二、特色产业

（一）青县特色产业之石油管道装备业

青县的石油管道装备业主要以中国石油集团渤海石油装备制造有限公司第一机械厂（以下简称第一机械厂）等国企为主，起步于 1976 年。青县石油管道装备的发展分为三个时期。第一个时期是 1976—1990 年，这一时期是青县的石油管道装备业夯实基础的阶段，主要业务是机器修理和零件加工，以及试制钢管等，1990 年，其产品中标国家重点工程——黑龙江哈尔滨伊兰煤气高压专用管线，这标志着其主要产品正式成型，得到认可。第二个时期是1991—2000 年，这个时期是行业扩张的阶段，1991 年工业总产值首次突破了亿元大关。这一时期主要成就有石油专用管涂层生产线投产、第一台异型游梁式抽油机诞生并批量生产、钢管钻杆等产品打入国际市场、中标国家重点工程陕京管线生产、首条钢管外防腐生产线投产。到 2000 年，螺旋焊钢管月产量达 10129 吨，创历史新高。第三个时期是 2001 年至今，这一时期是抓住机遇、跨越式发展的阶段，2001 年 8 月，中直缝钢管合缝焊接试验成功，填补了国内空白。2001 年 11 月，第一根弯管试制成功。石油管道装备业国企及合资企业达 15 家，销售收入过亿元企业达 10 家。石油管道装备业成为青县经济发展的第一主导产业。

目前，青县石油管道装备业以华油钢管有限公司、巨龙钢管有限公司和第一机械厂为核心。石油管道装备业有油气输送管、钻杆、油套管、市政工程用管、化工用管、机械车辆用管、弯管管件、固控机和抽油机 9 大类 1500 多个品种。其中华油钢管有限公司、巨龙钢管有限公司两个公司生产的直缝焊管、螺旋焊管以及渤海能克钻杆有限公司生产的钻杆，产品质量已居国内领先水平和国际先进水平，具有较高的知名度和信誉度，市场占有率在国内高档油气输送管、钻杆领域稳居第一，其产品被广泛用于国家西气东输等重点工程、各大油田。

(二)青县特色产业之电子机箱业

青县电子机箱业起步于 20 世纪 70 年代末，最初是以"河北省国营青县电子机箱制板厂"为代表的两家国有企业。20 世纪 90 年代，青县马厂乡等地陆续出现了一批个体、联合体机箱企业。电子机箱产业快速发展始于 20 世纪 90 年代中期，在马厂乡规划建设杨官店机箱小区的带动以及京津产业的辐射下，到 2000 年园区机箱企业超过 100 家，自此揭开了青县以马厂乡等为主产区，涵盖全县 9 个镇乡(农场)的电子机箱产业发展序幕。2001 年至今，随着我国加入世界贸易组织，信息技术产业的发展以及国家对通信、电力、铁路等基础设施的大力建设，青县电子机箱产业迎来了大发展的机遇，产业规模迅速扩张。电子机箱企业发展到 450 多家，从业人员 1.3 万余人，产值 65.1 亿元，产品涵盖网络机柜、机电机柜、工控机箱、通信机箱、电子监控机箱、电力机柜、医疗设备和教学设备等众多领域，产品上千种，市场覆盖全国 20 多个省市，青县成为中国北方最大的机箱生产基地，2011 年被中国设备管理协会授予"中国电子机箱制造基地"称号。

(三)青县特色产业之缝制设备业

青县缝制设备业起步于 20 世纪 60 年代。官庄公社南柳村生产队于 1964 年在天津技术人员帮助下开始生产纸袋缝口机零件；1974 年前后，官庄公社和城关公社陆续建起了社办厂，开始生产缝纫机整机、纸袋缝口机。在省轻工厅和市轻工局的帮助下，公社成立了国有企业河北工业缝纫机厂，该厂成为全县规模最大的国有工业缝纫机企业，河北工业缝纫机厂主要产品有纸袋缝口机、面袋缝口机、麻袋缝补机，是全国 40 个缝纫机定点企业之一。

改革开放之后，大量乡镇企业和个体户开始涌现，但他们主要还是以生产零部件为县缝纫机厂做配套为主。1995 年之后，河北工业缝纫机厂生产经营形势不佳，直至 2002 年正式宣布破产，而与此同时，乡镇企业和个体户开始由生产零部件向生产整机转型，民营缝纫机行业在 2000 年以后实现了快速发展。盘古镇设立了缝纫设备工业园区，进一步带动了企业发展，东升缝制设备有限公司、志强缝制设备有限公司、青工缝制设备有限公司、河北友田缝纫机有限公司等相继注册成立，并实现了由生产零部件到生产整机的转型。

目前，青县的缝制设备行业已经发展成"配件—整机—配套经营"比较完善的生产经营体系。产品主要为缝包机、纸袋机、包边机、中厚料机等中低档产品整机和零配件、部分高档机零配件，中厚料机型在全国的市场占有率超过 50%，青县已成为我国北方知名的特种工业缝纫机制造基地。其产品主要销往福建、广东、江苏、浙江、北京、天津等 20 余个省区市，并出口到美国、澳大利亚、土耳其、越南等国家。

(四)青县特色产业之食品饮料业

食品饮料业是青县的传统产业。其产品包括饮料、面粉、调和植物油、纯净水等 16 大类 80 余种产品。该行业年收入超 2000 万的规模企业有 3 家，分别为：河北小洋人生物乳业集团有限公司、河北大洋孩食品有限公司和三融食品有限公司。

(五)青县特色产业之轧钢业

青县轧钢业起步于 1991 年，集中分布在金牛镇觉道庄。其轧钢行业的发展大致分三个时期。第一个时期是 1991—1995 年，觉道庄先后续建 8 条生产线，产品为地条钢，每条生产线年产 1000 万吨，产值 2000 万元以上，后由于国家政策限制，1995 年年底取消了全部地条钢生产线。第二个时期是 1996—2003 年，觉道庄创建了炼钢、轧钢行业，投资超过 8 亿元，青县觉道钢铁有限公司、青县第一轧钢厂、冀新钢铁有限公司、冀丰钢铁有限公司等建立了 10 条生产线，生产线建立以后，青县先后聘请大量技术工人来厂指导，并通过招商引资方式吸引杭州、天津等地商人共同开发国际钢材，从而为青县的轧钢业培养造就了一大批技术骨干，打造了青县轧钢业的基石；第三个时期是 2004 年至今，这一时期是青县轧钢业的辉煌时期，年产量 300 万吨，产值超过 90 亿，企业数量超过 30 家，从业人员 5000 多人。青县轧钢业的发展得益于国家经济的高速增长及投资拉动。

青县轧钢业产品主要销售区域为北京、天津等。近年来，由于受国家高耗能产业调控政策和金融危机产能过剩的影响，该行业内部正在被迫进行优化整合。

(六)青县特色产业之红木家具业

青县红木家具产业兴起于 20 世纪 80 年代，主要集中在流河镇。改革开放以来，红木家具作为青县的一大传统产业更是得到了迅猛发展，现已步入集生产、加工、销售于一体的新型产业化发展轨道，企业群体不断壮大。一批企业已经注册了自己的商标和品牌，在业内享有较高的知名度。青县红木家具产品畅销京、津等 16 个大中城市，并远销美国、日本、韩国、新加坡等 10 多个国家和地区，备受国内外客商青睐。青县已成为我国北方地区重要的红木家具生产销售集散地，被誉为"中国红木家具之乡""中国运河古家具文化之都"。

三、名优产品

(一)中国驰名商标——"小洋人"乳品饮料

"小洋人"品牌系列产品是由小洋人生物乳业集团有限公司生产的，其主要包括"小洋人北极奶饮料""小洋人大果粒果粒多维酸奶"等产品。该品牌于 1998—2000 年连续被评为"河北省著名商标"；2000 年年底顺利通过了 ISO 9002 质量管理体系认证；2003 年被河北省工商局认定为知名产品；2005 年 6 月，"小洋人"商标被国家工商行政管理总局评为中国驰名商标。

(二)中国驰名商标——"大司马"牌特种蔬菜

"大司马"牌特种蔬菜是由青县特种蔬菜高科技示范园生产的，主要种植销售抱子甘蓝、人参果等国内外 100 余种名优蔬菜和水果。其产品于 2000 年被人民大会堂采用，招待国内外宾客。2007 年 8 月，"大司马"牌特种蔬菜种植园区 500 亩生产基地被正式确定为有机蔬菜生产基地，"大司马"商标于 2012 年 4 月正式成为中国驰名商标。

(三)中国驰名商标——"妙恋"乳品饮料

"妙恋"品牌系列产品是由小洋人生物乳业集团有限公司生产的，主要包括妙恋奶茶、妙恋果粒多、妙恋果乳饮品、妙恋发酵型乳酸菌饮品等产品。"妙恋"品牌自 2008 年开始作为一个独立品牌面向广大消费者，同年其新品"妙恋大果粒"更是带动了中国饮料界的新一轮竞争。2011 年，"妙恋"品牌成为中国驰名商标。

(四)中国驰名商标——"昌盛元"家具

"昌盛元"家具是由沧州昌盛元古典家具有限公司生产的。其家具产品继承中国传统家具巧妙、精确、榫卯结构和技巧精湛的特点。依据明清精品之结构、风格、工艺，对每一件作品都精雕细刻、反复打磨、潜心精制。从大料到小结，从原料到成品都是真正的绿色环保产品。2015 年，"昌盛元"商标成为中国驰名商标。

(五)中国名牌产品——"华"字牌钢管

在 2006 年中国名牌评价中，华北石油管理局第一机械厂生产的石油天然气输送用焊接钢管，力克群雄，荣获国家质检总局和中国名牌战略推进委员会授予的"中国名牌产品"称号，从而实现了青县中国名牌产品零的突破。

华北石油管理局第一机械厂坐落于青县境内，占地面积 99 万平方米，拥有员工 1000 多人，中、高级技术人员 120 余人，主要经营项目为设计、生产和销售焊接钢管，以及为用户提供相关的技术服务。

(六)河北省著名商标——"小放牛"冬菜

"小放牛"冬菜是由河北青县外贸食品有限公司生产的。该产品作为河北省出口创汇的传统产品，远销海外。冬菜是烹调汤羹的调料，又可做佐食的小菜，具有解腥调腻的作用。2012年，"小放牛"冬菜被评为河北省著名商标。

(七)河北省著名商标——"同聚祥"白酒

"同聚祥"白酒是由沧州同聚祥酿酒有限公司生产的。沧州同聚祥酿酒有限公司位于鉴湖源头，此处水清如镜，水硬度适中，含有适量的矿物质和微量元素，溶解度高、耗氧量少，以此水酿酒不但色、香、味俱佳，而且极富营养。酒的酿制选用当年的精选糯米及优良小麦。公司拥有独特的传统工艺和严格的科学管理制度。同聚祥白酒的酿制全部采用传统工艺，制作十分考究，始终保持高质量和高品位，从而受到国内外消费者的推崇和好评。2010年，"同聚祥"白酒被评为河北省著名商标。

(八)河北省著名商标——"羽顺"食品

"羽顺"食品是由青县鸿运禽业养殖服务专业合作社生产的。青县鸿运禽业养殖服务专业合作社，致力于依托本地枣林散养优势，打造出富含多种维生素和微量元素等，集营养保健于一身的绿色鸡蛋。合作社统一产品品牌(羽顺牌)，严把质量关，使绿色无公害蛋品有了可靠保障，提高了产品附加值，增加了市场竞争力。2015年，"羽顺"食品被评为河北省著名商标。

(九)河北省著名商标——"唇动"蛋糕

"唇动"蛋糕是由河北旺哥食品有限公司生产的。其品牌创立的初衷即以食品安全为信念，致力于为消费者提供健康、营养的休闲类食品，同时注重口感，将消费者所需当作自己的需求，将快乐与美味带给每一位消费者。2015年，"唇动"蛋糕被评为河北省著名商标。

(十)河北省著名商标——"玫瑰缘"湿巾

"玫瑰缘"湿巾是由沧州聚缘卫生用品有限公司生产的。其主要产品包括"玫瑰缘"牌消毒护肤柔湿巾、宝宝专用柔湿巾、女士护理柔湿巾、厨房专用湿巾、餐饮湿巾、办公湿巾、汽车清洁湿巾、真皮清洁湿巾、宠物湿巾等。

其产品直销国内 30 多个城市，并出口到美洲、欧洲、亚洲等地区。多年来其因产品、质量和优质服务，赢得广大客户的欢迎和信赖。2015 年，"玫瑰缘"被评为河北省著名商标。

(十一)河北省著名商标——"盛锋"锁具

"盛锋"锁具是由沧州盛锋锁业有限公司生产的。其主要产品包括挂锁、金属锁、保险柜等，沧州盛锋锁业有限公司在迪拜建立了分公司并迅速占领当地市场，其产品广受好评。2015 年，"盛峰"锁具被评为河北省著名商标。

(十二)河北省著名商标——"中天邦正"农药

"中天邦正"农药是由河北中天邦正生物科技股份公司生产的。中天邦正生物科技股份公司成立于 2003 年，是国家工信部定点生产企业、日本住友化学指定分装企业、河北十大名牌企业。其主要生产经营农药杀虫剂、杀菌剂、杀螨剂、除草剂、叶面肥和植物生长调节剂 6 大系列多个产品。2015 年，"中天邦正"农药被评为河北省著名商标。

(十三)河北省著名商标——"福鑫家源"蔬菜

"福鑫家源"蔬菜是由青县盘古乡福鑫家源蔬菜种植专业合作社生产的，其产品以黄瓜、豆角、番茄等为主。2008 年，合作社生产的黄瓜、番茄、豆角等品种先后通过了农业部无公害农产品认证，并成功注册了"福鑫家源"牌蔬菜商标，在全国数十大中心城市打响了"福鑫家源"蔬菜品牌。其产品上市以来，深受国内大中城市消费者喜爱，一直供不应求。2011 年，"福鑫家源"蔬菜商标被评为河北省著名商标。

(十四)河北省著名商标——"青工"缝纫机

"青工"缝纫机是由河北青工缝纫机有限公司生产的。其产品分为袋口缝合缝纫机和制袋缝纫机两大类别，拥有 4 个系列 20 多个品种。其中，GN20系列包边缝纫机的投产，解决了相关技术严重依赖进口的技术难题；产品远销 20 多个国家和地区。"青工"缝纫机在 2010 年被评为河北省著名商标，并于 2013 年获得河北省优质产品称号。

(十五)河北省著名商标——"神禾"种子

"神禾"种子是由青县神禾种业有限公司生产的,有杂交西瓜、甜瓜、番茄、辣椒、西芹等作物品种。其产品品种优良,具有抗病、优质、高产、耐热、耐低温弱光、耐贮运等特点。在全国 20 余个省份设有 60 余家代理商和千余个销售网点,产品畅销国内外。2012 年,"神禾"种子被评为河北省著名商标。

(十六)河北省著名商标——"神耕"农机

"神耕"农机是由河北神耕机械有限公司生产的。其产品涵盖旋耕机、深松起垄机、水田搅浆机、旋播施肥机、双轴灭茬整地机、挂挡变速旋耕机、外挂变速旋耕机、双轴多用旋耕机、保护性耕作机械等。"神耕"农机拥有多项国家专利,产品通过国家级鉴定,获得多个农业机械推广鉴定证书。"神耕"农机以市场为导向,以服务农民为目标,全力打造农机精品,开创了"高效农作,潇洒耕耘"的现代农作方式。2012 年,"神耕"农机被评为河北省著名商标。

(十七)河北省著名商标——"利财"蔬菜

"利财"蔬菜是由青县利财蔬菜专业合作社生产的,主要生产销售蔬菜、鲜水果、杂粮、酱菜等。精良优质的"利财"牌无公害蔬菜和上乘的服务,吸引了来自全国各地的客商,蔬菜畅销东北、华北等地区。2007 年和 2008 年,"利财"牌蔬菜连续两年被中国农产品交易会评为名优农产品。2008 年,"利财"蔬菜被评为河北省著名商标。

(十八)河北省著名商标——"乐仕"鸡精

"乐仕"鸡精是由沧州三利食品调料有限公司生产的。公司严把质量关,以追求高品质、不断创新为目标,重视企业整体形象的塑造,形成了独具特色的企业文化。公司产品覆盖全国 20 多个省份,300 多个城市。2011 年,"乐仕"鸡精被评为河北省著名商标。

(十九)河北省著名商标——"耿官屯"蔬菜

"耿官屯"蔬菜是由河北耿官屯农业专业合作社生产的。其产品全部采取无公害标准化生产模式生产，因其绿色、无机、天然的特点深受消费者喜爱。2009 年，"耿官屯"商标被评为河北著名商标。

(二十)河北省著名商标——"大禹"种子

"大禹"种子是由河北大禹种业有限公司生产的。其产品种类丰富，包括西芹类种子、棉花类种子、甜瓜类种子、西瓜类种子等。公司所生产的优良品种始终处于国内领先水平。大禹种业正在为打造民族品牌的责任感、使命感不懈努力，致力于把"大禹"品牌打造成国内竞争力强、影响力大、辐射带动范围广的"中国种业领军品牌"，现已成为我国种子行业的知名品牌。2008 年，"大禹"牌商标被评为河北省著名商标。

(二十一)河北省著名商标——"卓唯"钢管

"卓唯"钢管是由河北卓唯钢管制造有限公司生产的。公司主要生产内衬不锈钢复合螺旋管、双面埋弧焊螺旋钢管、螺旋钢管、无缝钢管、直缝钢管和热扩钢管等。其产品远销阿尔巴尼亚、韩国、新加坡等国家及山东、河南、江西、内蒙古、新疆等全国 20 多个省区市，受到国内外广大顾客的一致信赖和好评。2009 年 3 月，经商务部国际贸易经济合作研究院严格评审，公司获得"诚信双 A"荣誉企业称号。2010 年，"卓唯"钢管被评为河北省著名商标。

(二十二)河北省著名商标——"双星"缝纫机

"双星"缝纫机是由青县双星缝制设备有限公司生产的。其产品主要包括粗线缝纫机、安全带缝纫机、吊装缝纫机、制鞋缝纫机、曲折缝纫机、厚料电脑花样缝纫机在内的 10 余种机型，主要用于集装袋、制鞋、沙发、牛仔服、麻轮、帆布、皮革等粗线厚料及特厚料行业。"双星"牌缝纫机以其独特的创新设计、可靠的性能，深受广大用户的好评。2007 年，"双星"缝纫机被评为河北省著名商标。

(二十三)河北省著名商标——"思盼"香油

"思盼"牌小磨香油是由河北思盼食用油有限公司生产的。其产品精选上乘芝麻做原料,沿袭古典传统工艺并与现代先进生产技术进行了有机结合。产品以天津市场为核心辐射北京、河北等地。目前,"思盼"牌小磨香油是天津市场的第一品牌,市场占有率超过80%。2003年,"思盼"香油被评为河北省著名商标。

(二十四)河北省著名商标——"青青"牌蔬菜

"青青"牌蔬菜是由青县司马庄绿豪农业专业合作社生产的。2006年,"青青"牌蔬菜生产基地被认定为"无公害农产品产地","青青"牌蔬菜被认定为"无公害农产品"。"青青"牌商标注册于1998年9月。"青青"牌蔬菜连续11年(1999—2009年)被中国北方农产品交易会评为"名优农产品"(农业类),2008年被中国农村专业技术协会评为"第九届中国(寿光)国际蔬菜科技博览会优秀产品奖",2007年"青青"商标被评为河北省著名商标,2008年"青青"牌蔬菜被河北省质量技术监督局认定为河北省名牌产品,2015年被延续认定为河北省著名商标。

(二十五)河北省著名商标——"金得宝"磨具

"金得宝"磨具是由河北金得宝磨料磨具有限公司生产的。公司生产直径3～750 mm,厚度0.5～200 mm的生产切割片、角磨片及各种型号的树脂砂轮,产品规格齐全,能满足不同客户的需求。其产品通过国家质量监督检验检疫局质量体系认证,在市场上和消费者群体中具有良好的口碑。2013年,"金得宝"荣获磨料磨具买家口碑价值奖。2014年,"金得宝"被评为河北省著名商标。

(二十六)河北省著名商标——"志工"牌特厚料缝纫机

"志工"牌特厚料缝纫机是由青县志强缝制设备有限公司生产的,以特厚料缝制技术为核心,拥有多项国家专利,在世界缝纫机行业中享有"厚料专家"的美誉。GA243-2A-CL型摆梭柱式双针综合送料厚料粗线缝纫机,以及GWN-28BL15-820型旋梭柱式双针综合送料针杆可旋转粗线缝纫机等,属国内独创,具有世界领先水平,填补了国内这一领域的空白。2014年,"志工"牌被评为河北省著名商标。

(二十七)河北省著名商标——"任宏"供电器材

"任宏"供电器材是河北宏光供电器材有限公司生产的。其产品主要包括接触网零部件、铁塔、电力金具、高低压隔离开关、熔断器、开关柜、安全工器具及标示牌、钢支柱、接触网硬横跨等。其产品执行国家电力和铁路行业标准,并通过国家电力部门和中国铁道科学研究院质检中心等质检机构的检验,其各项技术指标达到国内外同类产品的优良标准。2014年,"任宏"被评为河北省著名商标。

(二十八)河北省著名商标——"绩丰"牌生猪

"绩丰"牌生猪是青县同兴养猪专业合作社的产品。其质量安全、肉质好,在北京、天津周边市场有较高声誉,形成了自己的特色品牌。"绩丰"牌以诚信受到国内几家大型肉联企业的青睐。做良心食品,让消费者放心、满意是"绩丰"品牌的承诺。2014年,"绩丰"牌被评为河北省著名商标。

四、重点企业

渤海能克钻杆有限公司

渤海能克钻杆有限公司由中国石油渤海装备制造有限公司、日本JFE钢铁株式会社、日本伊藤忠丸红铁钢株式会社和日本株式会社美达王合资兴建。它是中国石油天然气集团公司所属的骨干钻杆制造企业,是目前中国历史最悠久、技术实力最强、设备最先进、质量最可靠、信誉度最高的钻杆生产企业之一。

公司主要生产各种规格的钻杆,先后取得美国石油协会(American Petroleum Institute,API)证书、中国船级社质量认证公司颁发的ISO 9001质量管理认证体系认证证书等高级别认证。其产品除满足国内各大油田需求外,还出口到亚洲、非洲、欧洲的20多个国家和地区。

公司先后获得"河北省出口创汇先进单位""河北省工业行业综合实力优强

企业""河北省高新技术企业""河北省质量效益型先进企业""外商投资先进技术企业""河北省诚信企业""河北省文明单位"等荣誉称号,渤海能克牌钻杆获得"全国用户满意产品""河北省名牌产品"荣誉称号。

小洋人生物乳业集团有限公司

小洋人生物乳业集团有限公司是一家以乳制品饮料开发为主业,集科研、生产和销售于一体的大型现代化民营集团企业。公司创立于1994年,历经20多年的发展,已成为拥有固定资产6.2亿元、占地34万平方米、职工2800余人的全国著名乳品集团企业。

公司采用国内外一流的自动化生产线,主要生产含钙酸奶饮品系列、妙恋果乳饮品系列、恐龙总动员多维酸奶与饮品系列、果味乳饮品系列、乳酸菌饮品系列、奶茶固体饮料系列、北极冰果味饮料系列、可吸果冻系列八大系列百余种产品。其产品畅销东北、华北、华东等地区。

"小洋人""妙恋"商标先后被评为中国驰名商标,公司被农业部、国家发展和改革委员会等联合认定为农业产业化国家重点龙头企业。

河北汉智数控机械有限公司

河北汉智数控机械有限公司位于青县经济开发区,总投资3.5亿元,占地87.9亩,建筑面积4.3万平方米。该公司是一家集数控机床研发、制造和销售于一体的高新技术型企业。公司在北京设有研发中心,拥有高级研发人员20余名,研发能力处于国内领先水平。公司生产的数控冲床、数控折弯机等系列产品,各项性能技术指标均达到国际领先水平。

宝瑞通管业有限公司

宝瑞通管业有限公司由河北卓唯钢管制造有限公司与河北宣化鑫源矿业有限公司合资建设。项目总投资10.6亿元,占地287亩,总建筑面积16万平方米,主要建设生产车间、辅助车间、办公楼、仓储设施等配套工程,购置主要设备329台(套)。其产品主要有不锈钢复合埋弧焊接钢管、管线钢埋弧焊钢管等。

渤海石油装备巨龙钢管有限公司

渤海石油装备巨龙钢管有限公司是中国综合实力最强的专业从事管件研发、制造和防腐于一体的大型钢管制造企业之一。

公司现有直缝埋弧焊钢管生产线、弯管生产线、管件生产线、钢管内外防腐生产线，整体设备处于国内领先、国际一流水平。

公司生产的钢管和海底管线用钢管、抗大变形钢管、抗酸钢管、低温钢管及弯管、管件等系列产品，填补了国内空白，通过了 ISO 9001 质量管理体系认证、压力管道特种设备制造许可证及国外大型石油公司的市场准入资质认证。产品先后被用于西气东输一线、二线，陕西—北京二线、三线，中卫—贵阳管线，中缅管线等多项国内外重大油气输送管道工程，被评为"全国用户满意产品"和"中国名牌产品"，公司多次被用户授予"优胜制管厂""优胜供货商"称号。

河北腾耀电子设备有限公司

河北腾耀电子设备有限公司由青县腾跃电子设备有限公司、日本白山制作株式会社和台湾中达电通有限公司合资兴建。公司总投资 11 亿元，总建筑面积 15 万平方米，主要生产智能电暖气、开关电源机柜等产品。

河北省青县旭通橡胶制品有限公司

该公司占地 3 万平方米，是制造、加工型企业，主要生产再生胶、橡胶板、橡胶垫、密封圈等橡胶制品。同时承揽橡胶混炼加工、橡胶鞋底、鞋条的制造及加工，兼营橡胶材料销售。该公司再生胶的年生产能力为 1 万吨/年，其中无味精细再生胶畅销京、津及周边地区，主供一些大型橡胶制品出口企业。

河北汇硕机电设备科技有限公司

河北汇硕机电设备科技有限公司建筑面积 7.3 万平方米，购置设备 163 台(套)。公司实现年产发光二极管(Light Emitting Diode，LED)全彩色显示屏 4 万平方米，电子机箱机柜 12 万台，年销售收入 7.4 亿元。

河北舜能科技工业园

河北舜能科技工业园项目是天津舜能润滑科技股份有限公司投资建设的集技术研发、生产制造、物流和培训等于一体的高新技术工业园区。工业园总投资 5.85 亿元，规划占地面积 230 亩，总建筑面积 12.6 万平方米，其主要产品为润滑油、高纯度二氧化硅、塑料包装制品等。

河北豪威机电设备有限公司

河北豪威机箱机柜生产项目由河北豪威机电设备有限公司与北京东梅电梯有限公司合资兴建，占地 180 亩，总投资 5.3 亿元，其中固定资产投资 4.9

亿元，建筑面积9.8万平方米。公司主要生产电子机箱、机柜。

河北维冠机电设备有限公司

河北维冠机电设备有限公司由北京维冠机电股份有限公司投资建设，总投资7.6亿元，建筑面积8万平方米。公司先后与施耐德电气、西门子、清华易程、中软公司等建立了长期合作关系。其产品涉及电信、风力发电、轨道交通、自动化控制设备四大行业。公司生产的地铁自动售票机、检票机已被应用在北京地铁9号线、15号线，天津地铁3号线，长春轻轨以及京沪高速铁路上。

河北金彭车业有限公司

河北金彭车业有限公司由江苏金彭车业有限公司投资兴建，总投资7.4亿元，占地260亩，建筑面积11万平方米，年产电动三轮车25万辆和电动旅游观光车5万辆。本公司是一家专业致力于三轮车、四轮车及部分特种车辆研发、制造、销售于一体的现代化大型高科技民营企业。年产销能力连续三年稳居国内同行业领先地位。

河北中天邦正生物科技股份公司

该公司成立于2003年，注册资本5058万元。公司位于河北省青县周官屯镇小许庄桥南工业区，西临104国道，交通便利，是国家工信部定点生产企业、日本住友化学指定分装企业、河北省十大名牌企业。

河北神耕机械有限公司

河北神耕机械有限公司总投资5.1亿元，总建筑面积6万平方米。主要产品涵盖旋耕机、双轴多用旋耕机、保护性耕作机械等18个系列100多个品种。

沧州精诚伟业电器设备有限公司

沧州精诚伟业电器设备有限公司创建于1993年，是生产机柜、铝插箱、工控机箱、操作台的专业厂家。该公司已通过ISO 9001质量管理体系认证，所生产的产品质量高、售后服务好，在国内享有很高的声誉，赢得了客户的一致好评。该公司拥有多台日本进口数控设备、国产的数控设备，和点焊、电焊的先进设备，以及先进的加工工艺。该公司曾为许多重点工程完成了配套工作，如北京邮电全市联网工程和多次升级工程、全国铁路列车自动识别系统等。该公司主要生产工控机箱、电力机柜以及不同规格的操作台、19英寸的机柜等。除此之外，该公司还可以根据客户的要求，为其量身定做各种产品。

河北东恒宇功能材料新技术有限公司

河北东恒宇功能材料新技术有限公司由国家科技部东恒宇科技开发中心投资兴建，位于青县马厂镇韩国工业园区内，于 2006 年 4 月动工建设，2008 年 7 月建成投产，总投资 2.75 亿元。该公司注册包括河北东恒宇功能材料新技术有限公司和河北天波恒宇特种复合材料有限公司两个公司，主要根据隐形技术、辐射控制技术、相变技术和电磁波"波透明"技术，进行抗雷达侦察等伪装隐形材料和伪装涂料、伪装网的研究、开发和生产。其主要产品包括雷达罩系列产品、先进医疗设备用床板等复合材料构件、蜂窝产品、碳纤维天线产品、无人飞行器等。该公司产品技术含量处于国内领先水平，产品相继得到有关军工科研院所的认可，并成为其军品承制单位。该公司还提高民用产品的技术层次与水平，迅速占领部分新兴民用市场。

沧州三丰西服有限公司

沧州三丰西服有限公司成立于 2004 年 10 月，位于青县马厂镇韩国工业园区内，由韩国东山振兴株式会社投资建成，是一家专门从事高档西服加工生产的服装企业。公司建筑面积 6910 平方米。公司生产的剑桥会员牌中高档西服，产品全部出口，主要销往美国、韩国和日本等国家。

青县华宇新型建材有限公司

青县华宇新型建材有限公司是集科研、生产、销售和施工为一体的新型建材企业。该公司被全国高科技建筑建材产业化委员会、全国新型建筑材料科技推广中心等部门先后授予"中国著名品牌企业""全国质量·服务·信誉AAA 级企业""中国绿色环保建材推荐产品""中国工程建设重点推广应用产品""全国建筑节能推荐产品"等称号，是国内知名的新型墙体涂料及保温材料的专业生产企业。

该公司始终坚持"质量就是生命，信誉就是效益"的经营理念，积极引进国际知名品牌生产流水线，并以先进的管理、优良的诚信、过硬的质量和完善的售后服务，为广大客户提供满意的产品。公司较早通过了 ISO 9001 质量管理体系认证和 ISO 14001 环境管理体系认证，秉承"科学管理，追求卓越"的管理理念，遵循"诚信立足，创新致远"的市场理念，强化各项基础管理，为构建节约型社会、营造和谐舒适的居住环境、造福百姓做出了应有贡献。

青县宝鸿机械制造有限公司

青县宝鸿机械制造有限公司总投资 6.1 亿元，总建筑面积 5.1 万平方米。该公司的抽油机技术水平已达到国际先进水平。其中，连续管作业机填补了国内空白，远销美国、加拿大、墨西哥、委内瑞拉等多个国家；成套钻机畅销中美、东南亚、西亚、中亚和中东等的钻井市场以及新疆、吉林、青海等省区的各大油田。

河北广成电气化器材有限公司

河北广成电气化器材有限公司由河北宏光集团投资建设，总投资 10.67 亿元，总建筑面积 12 万平方米，购置国内外先进设备 80 余台(套)，并引进国外先进生产线。该公司主要生产铁路用接触网、钢支柱、电力金具等。

青县机床制造有限公司

青县机床制造有限公司总投资 6.2 亿元，总建筑面积 8 万平方米，购置意大利加工中心、龙门刨铣床、双柱立式车床等国内外先进设备共 140 台(套)。

河北大道金属制品有限公司

河北大道金属制品有限公司是一家专门研发生产渗铝耐热钢产品的企业。历经多年的探索与发现，公司形成了近万吨的生产规模。特别是近年来该公司与多所高等院校合作研究的新型渗铝工艺，此种渗铝的新方法解决了传统生产工艺中的高污染、渗铝质量不稳定、抗氧化能力低等诸多难题。现已广泛使用在钢材热处理行业。该公司严格按照 ISO 9001 质量管理认证体系进行组织生产，不断提高产品的科技含量，努力把本公司打造成渗铝耐热钢产品制作的标杆企业，与新老客户实现互利双赢。

沧州昌盛砂轮有限公司

沧州昌盛砂轮有限公司始建于 1996 年，位于青县城北王维屯工业开发区，是沧州市较大的磨具生产厂家。该公司是一家集研发、生产、销售和服务于一体的高科技企业，占地面积 25 万平方米，拥有职工 120 余人。随着发展，公司近年来不断提高其自身素质和硬件设施，先后引进了国内外先进设备，为保证产品质量奠定了坚实的基础。目前公司拥有自营进出口权，同时严格执行 ISO 9001 质量管理体系认证标准，为用户提供质量保证。

沧州凯航恒达电子机箱有限公司

沧州凯航恒达电子机箱有限公司创建于 1995 年，占地面积 1.6 万平方米，是设计生产机柜机箱的专业厂家。公司主要生产 19 寸国际标准机柜、计算机机柜、机箱并承接用户单位自行设计或提出设计制造要求的非标准机箱机柜。

沧州盛园新型建材有限公司

沧州盛园新型建材有限公司位于河北省青县马厂镇王胜武屯村南，总投资额为 4000 万元，总占地面积为 2 万平方米，建筑面积约为 1.5 万平方米。公司主要生产经营轻钢龙骨、烤漆龙骨及配件，彩钢瓦及配件、PVC 贴面石膏板，墙面粘贴粉、泥子粉等。

沧州金雷诺电子设备有限公司

沧州金雷诺电子设备有限公司是一家集工业自动化、网络工程、通信工程、电力工程等行业研究、开发、生产于一体的机箱机柜公司。公司主要生产高档服务器机柜、网络机柜、工业控制柜、电视墙、操作台、多媒体讲台、各种异型材质机箱、机壳面板等，各种机柜产品均能达到国际标准。

沧州金雷诺电子设备有限公司占地面积 2 万平方米，拥有现代化厂房、先进的生产设备、丰富的实践经验、高素质的技术及管理人员及高品质的服务保障。公司率先通过了 ISO 9001 质量管理体系认证，获得了多项专利证书及高标注册证书。

沧州金雷诺电子设备有限公司奉行"卓越品质，超群服务"的核心经营理念，作为一家制造经营性企业，永远站在客户的角度上考虑问题，其真正的目标是履行责任，并非追求高额利润，只有创造合理的利润，才能充分保证履行对客户、投资者、员工以及整个社会的责任。

沧州盛铭光学设备有限公司

沧州盛铭光学设备有限公司建于 1990 年，位于中国北方电子科技生产基地——河北青县，地理位置优越、交通便利，紧靠京福高速出口、104 国道、京沪铁路和京沪高速铁路，距天津港 100 千米，具有得天独厚的地理环境。该公司是一家从事光学仪器、通信设备，及钣金加工行业的研发、生产、销售的专业性高科技民营企业。公司引进了高科技的先进设备和检测设备，严格执行 6S 管理①及 ISO 9001 质量管理体系标准，同时也实现了人性化操作界

---

① 编辑注：6S 指整理（Seiri）、整顿（Seiton）、清扫（Seiso）、清洁（Seiketsu）、素养（Shitsuke）、安全（Security）。

面。公司始终坚持以诚信及服务至上为宗旨，以求创新与品质第一为原则，以市场需求为导向，以现代化企业经营为理念，不断精益求精，开拓创新。

河北联纵涂镀板有限公司

河北联纵涂镀板有限公司由北京联纵投资公司兴建，总投资 2 亿元，固定资产投资 7000 万元。

该公司的产品主要用于建筑、轻工等领域。该公司大量选用国内外成熟可靠技术，采用关键设备进口，配套设备国产化的技术方案。其主要关键设备具有造价低、工艺先进可靠的特点。公司对原有彩钢生产线进行整修，同时准备在厂区北部新建厂房，建设一条新生产线。该公司的生产线产量规模较大，产品品质较高，其投资后，本地区将成为北方彩板生产基地、集散地、钢结构生产加工基地，为青县经济发展注入了新的活力。

河北恒辉通信设备有限公司

河北恒辉通信设备有限公司始建于 1996 年，是一家从事光纤通信设备研发、生产、销售的专业性高科技民营企业，拥有自营进出口权。公司研发的光纤通信产品多种多样，品质一流，其产品不仅在国内有很大的市场占有率，而且远销海外许多国家，深得广大消费者的好评。

凭借着独特的技术优势，公司产品已销往全球数十个国家和地区，每年在全球范围参加 6～9 个专业展会，在国内设有 3 家分公司，并在北京设立了产品研发中心。目前公司已成为中国联通、中国移动、中国电信的合格供应商，发展前景十分广阔。同时，公司亦可为国内外广大客商提供相关产品的服务。

公司生产的产品有光纤通信适配终端盒、光纤配线架、光纤配线箱、跳线、防水尾缆；光缆配线箱、光缆交接箱、光缆配线架、光纤适配器、光纤收发器、网络机柜等。

尤其 2009 年以来，国家启动 3G、三网合一、光纤到户工程建设，公司在原有产品的基础上，为了适应科技的发展和市场的需求，推进全国三网融合、光纤到户进程。在原有生产车间的基础上，公司新建成了万级无尘净化车间 4000 平方米，引进国内外先进的生产和检测设备及采用行业内领先的生产设备，拥有领先的高效率的器件生产工艺，测试和器件封装领域实力雄厚。

公司拥有大量的高科技人才和高级管理人才，并严格执行 6S 管理和 ISO 9001 质量管理体系标准。其产品不仅品质高，而且实现了人性化操作界面。

公司始终以客户满意度为质量目标，以精益求精的工作态度，不断延续着产品的口碑，以专业的产品和优质的服务得到行业内广大客商的一致好评。

沧州三融食品有限公司

沧州三融食品有限公司是一家集种鸡饲养、鸡雏孵化、饲料生产、肉鸡屠宰、熟食加工于一体的专业从事肉鸡生产的一条龙企业，隶属于河北三融集团。总投资 1.39 亿元，是肯德基、麦当劳、双汇最大的供应商之一。

沧州比爱思电子有限公司

沧州比爱思电子有限公司位于河北省沧州市青县马厂镇韩国工业园区内，总投资 200 万，占地 30 亩，建筑面积 7503 平方米，现有员工近 200 人。公司主要生产经营各种电子配件及配套产品。

五、招商引资

(一)青县经济开发区

青县经济开发区是经河北省政府批准设立的首批省级工业聚集区，规划面积 20.81 平方千米。2009 年以来，开发区累计投入近 7 亿元，实施基础设施建设工程。目前，已开发的土地范围内，全部实现了道路、上水、下水、电力、电话、网络、有线电视、燃气、供暖"九通一平"，项目承载能力大幅提升。

青县经济开发区是一块创业的宝地，东临渤海，北依京津。青县位于"环渤海"经济圈、"环京津"经济圈的双重辐射范围内，是河北省政府确定的环京津 22 个卫星城之一。青县距北京中心城区 150 千米，天津 80 千米，天津新港 100 千米，石家庄 200 千米，黄骅港 90 千米，至天津机场、天津港、黄骅港的时间均在 1 小时之内。京沪高速公路、京沧高速公路、104 国道、津保公路、京沪高铁、廊沧高速、京沪铁路等 9 条公路铁路干线在开发区穿过，形成了便捷的立体交通网络。

(二)推动青县经济开发区发展的十条措施

第一条　鼓励兴建企业。设立全民创业专项资金，开发区内新建企业按照协议约定时间完成规划设计的厂房、办公楼等全部建设内容并投入生产的，按项目实际用地一次性给予 5000 元/亩的创业专项资金补贴。

第二条　鼓励集约节约用地。认真落实土地支持政策，对战略性新兴产业、科技创新、产品研发、企业技术改造项目优先安排用地指标，优先列入年度土地供应计划。鼓励工业企业通过技术改造，增加土地投资强度，实现用地扩容。凡建设多层自用生产性用房（不包括办公、研发、仓储等附属用房）的新建企业，经规划部门许可，项目用地的容积率、建筑密度、层高等规划指标达到县政府规定标准的，一次性给予二层厂房以上部分 50 元/平方米的奖励。

第三条　鼓励企业加大技术改造投入。设立县级技术改造专项扶持资金，对符合条件的企业技术改造项目，给予设备投资额 10％但最高不超过 100 万元的补助；符合专利申请资助条件的优先给予专利申请资助。

第四条　支持科技成果转化。设立科技成果转化基金，鼓励企业与国内高校、科研院所尤其是京津院校进行产学研合作，可按照不超过其技术交易额或合同额的 10％给予资金补贴。对以优质发明专利投资入股或创办科技型企业的，按不超过专利价值的 20％给予奖励。

第五条　鼓励企业发展电子商务。设立电子商务专项扶持资金，对获得国家级和省级的电子商务示范企业，分别给予一定数额奖励。对新建为行业、企业或个人提供电子商务平台的行业协会或牵头企业，给予 5 万～10 万元补贴。

第六条　鼓励引进培养高层次创新创业人才与团队。设立人才专项资金，对引领青县产业发展方向和创新转型需求，带科技、项目资金来青县经济开发区的领军人才，给予 100 万～500 万元的科研成果产业配套资金，并给予 50 万元的安家补贴。企业引进获得博士学位、正高级职称以上的科研人员，以及在某科研领域水平领先的技术人才，县政府在津贴、住房、交通等方面给予支持。

第七条　设立服务业发展专项资金。县财政安排专项资金，对经认定的研发设计、检验检测、知识产权保护等公共服务平台给予实际投资额 10％但最高不超过 100 万元的一次性补助；其自建、购买或租赁办公用房，县财政给予资金支持。

第八条　鼓励发展总部经济。对引进的国内外企业总部、地区总部、采购中心、研发中心、财务管理中心和结算中心等，其自建、购买或租赁办公用房，县财政给予资金支持。

第九条　推进实施品牌战略。对新获得中国驰名商标的企业，或者获得中国驰名商标的县外企业在开发区内投资建厂且投产后继续生产该品牌产品的，一次性给予20万元的奖励。对首次获得河北省名牌产品、河北省著名商标的企业，分别一次性给予2万元的奖励；对首次获得河北省质量效益型先进企业、河北省优质产品的企业，分别一次性给予1万元的奖励。

第十条　鼓励企业上市融资。在青县注册的企业，在境内外主板（含创业板）上市的企业，一次性给予100万元的奖励；在其他资本市场上市的，一次性给予30万元的奖励。

符合以上奖励、补贴补助、资助条件的开发区企业，应向县经济开发区管委会提出申请，县经济开发区管委会会同相关部门进行审核并提出意见上报县政府；县政府研究通过后，县财政局负责兑现奖励、补贴补助、资助等资金。符合以上奖励、补贴补助、资助条件的非开发区企业，应向相关部门提出申请，由相关部门提出意见上报县政府；县政府研究通过后，县财政局负责兑现奖励、补贴补助、资助等资金。

六、现代农业

(一)青县把握"四个方向"加快建设现代农业

一是优基础，促生产现代化。按照"集中财力办大事"的原则，整合项目资金1亿多元，用于农业基础设施建设，进一步改善青县农业生产环境。

二是办农合，促生产组织化。坚持"多元创办、政府扶持、农民自主"的方针，不断加大对农合组织的扶持力度。

三是创品牌，促产品市场化。大力实施"农产品品牌建设工程"。"青青"牌、"利财"牌等品牌被认证为河北省著名商标，其产品被评为河北省名优产品。"大司马"牌被认定为中国驰名商标，"青县羊角脆"成功申报国家地理标志，农产品市场竞争力明显提升。

四是强技术，促生产科技化。与河北农业大学、河北省农林科学院等单位建立长期合作关系，针对农业种植中的问题开展农业技术培训，为农业生产提供坚实保障。

（二）蔬菜种植

青县蔬菜产业有 30 多年的发展历史。有日光温室、大棚、地膜、露地等多种栽培形式，其中以青县式全竹结构春秋大棚为主，蔬菜品种以黄瓜为主。青县蔬菜全部采用无公害标准生产，现有曹寺、盘古、蔡村、小流津、孙庄子、王召庄等蔬菜市场，有青青、利财、福鑫家园、耿官屯、运西、明杰、硕香、宏青、青欣家园、大司马、黄三郎、翠朴原、锦荣源、怡鑫斋等蔬菜品牌，其中利财、青青、耿官屯、福鑫家源、大司马被评为河北省著名商标，"大司马"被评为中国驰名商标。青县是中国蔬菜之乡、全国蔬菜产业重点县、河北省蔬菜产业示范县。

七、美丽乡村

（一）美丽乡村之国营农场三分场

青县国营农场三分场是 2010 年省级新民居建设示范村，也是 2012 年省级幸福乡村示范村。

（二）美丽乡村之马厂镇东姚庄村

马厂镇东姚庄村始终以"改善人居环境，提高生活质量"为目标，大力实施新农村建设工程。2009 年，该村筹资建设了 6 栋 146 户新民居，在全县率先建成第一家秸秆干发酵大型沼气站，全村硬化街道、环村路 3.6 万平方米。该村已经实现集中供气、集中供水，绿化、亮化、硬化均超过 95%。马厂镇东姚庄村于 2002 年被省委、省政府命名为"文化工程示范村"，2005 年，被中央精神文明建设指导委员会评为"全国创建文明村镇"先进单位；2017 年，获评"第五届全国文明村镇"；2019 年，入选全国乡村治理示范村名单。

（三）美丽乡村之清州镇双庙堤二村

清州镇双庙堤二村于 2008 年实施了旧村整体搬迁工程，利用原养殖小区空闲的 42 亩集体建设用地，统一规划建设 60 户二层独门独院联排别墅式居民住宅小区，从根本上治理"空心村"。新建别墅每户占地面积 232 平方米，建筑面积 203 平方米，车库、客厅、卫生间、厨房、卧室一应俱全，硬化、绿化、亮化布局合理。住宅小区实行统一物业管理，单户独立取暖，天然气管道到户，公共服务设施齐备，成为全县第一个全村拆迁农民住别墅的新型农村社区。2009 年，该村被评为省级新民居建设示范村，2011 年，该村被评为全省"百乡千村"环境治理示范村。

（四）美丽乡村之清州镇司马庄村

清州镇司马庄村于 1998 年成立司马庄无公害蔬菜高科技示范园，2006 年成立司马庄绿豪农业专业合作社。司马庄蔬菜园区与河北省农林科学院、河北农业大学等十几家科研机构、大专院校建立了合作关系，同时建立了一条连接采摘园、国际太极拳培训中心、书画艺术展览中心、红木文化展览中心、有机特菜展览中心、休闲戏水区、大运河观光带直达科技示范区的"生态观光大道"。司马庄蔬菜园区先后获得国家级高科技示范园、国家标准蔬菜种植园、国家 AA 级旅游景区等称号，"大司马"被评为中国驰名商标。在大力发展经济的同时，该村全力推进新农村建设，先后获得"全国绿化千佳村""国家级生态村"等称号。

（五）美丽乡村之流河镇杨庄子村

杨庄子村村民收入以农业种植为主，主要种植小麦、玉米。村内企业主要以古典家具制造为主。

（六）美丽乡村之马厂镇陈缺屯村

陈缺屯村是马厂镇的优秀典型村、先进村。在村务管理和村治模式上一直是各村学习借鉴的样板村。该村经过多年的投入完成了村庄街道的硬化、绿化、亮化。该村以农村环境整治为重点，先后开展了村庄绿化、沿街墙面美化、街道净化等工程。

（七）美丽乡村之马厂镇伊庄子村

马厂镇伊庄子村于 2012 年被评为县级文明村。在注重村庄建设的同时，该村还开展了丰富多彩的文化活动，如唱红歌、扭秧歌、跳广场舞等一系列村民可以积极参与的活动。

(八)美丽乡村之金牛镇觉道庄村

觉道庄村位于青县东部，素有"沧州第一村"称号。李寨路延伸线、津汕高速连接线横穿该村。该村工业以钢铁制造、机箱、机床为主。2009年，觉道庄村被确定为省级新民居示范村。随着全村工业经济的发展壮大，该村加大了工业反哺农业和新农村建设力度，投入资金用于农用电网和农田水利设施建设，提高了农业生产水平。同时，该村不断加大新农村基础设施建设力度，发展繁荣第三产业，先后投资建设了青云观、雷音寺、八仙塔、老君湖等景点，兴建了万发宾馆、万发体育馆、高尔夫练习球场、碧波园美食城、地热游泳馆等餐饮服务场所。该村全部实现了路面硬化，初步实现农村工业化、农业现代化、农民城镇化。

八、青县经济发展中存在的问题

(一)创新能力尚有不足

青县的产业结构仍然以传统产业为主，缺少高新技术产业，缺少战略性新兴产业。创新实践、创新成果、创新举措还不够多，全社会创新、创造和创业的活力还没有得到充分释放。通过与相关部门座谈，得知其主要原因在于青县缺少高新技术人才，缺少吸引高新技术企业和高新技术人才的环境。

(二)转型升级任务艰巨

虽然青县的第二产业有了一定的起色，但是仍旧面临产业转型升级的压力，产业亟须从数量型向质量型转变、从产量型向效益型转变。同时，招商引资也需要从重签约到重落地的转变，实现投产达效。

(三)节能减排压力较大

青县的一些产业，如轧钢业、石油管道装备业、电子机箱产业仍然存在一定的环境问题。在北方，尤其是河北省环境约束的大背景下，青县产业资源约束与环境问题集中显现，节能减排压力仍然较大，破解要素制约与发展矛盾的任务艰巨。

(四)外向型经济有待提高

青县的外向型经济发展程度还不高，对外贸易和吸引外资数量不多、水平不高。青县产业主要面向国内，面向国际市场的产业还较少。在国家大力推进"一带一路"倡议的背景下，青县参与"一带一路"建设的企业还较少。

九、促进青县经济进一步发展的建议

(一)实施创新驱动发展

1. 实施科技创新引领

(1)吸引京津创新要素向青县集聚

大力实施协同创新战略，积极鼓励企业与京津科研机构、院校开展对接活动，组建技术创新联盟，增强自主创新和持续创新能力。瞄准国家科技重大专项和计划，积极争取和培育实施新的科技成果转化项目，把京津科技优势转化为青县创新优势。

(2)培育高新技术企业

大力提升县内重点骨干企业的高新技术含量，使之成为技术优势明显、经济效益显著的区域经济龙头企业；抓住有潜力的高新技术项目和高新技术产品，精心培育，大力扶持；走产、学、研相结合的路子，积极吸纳发达地区、大专院校、科研院所的技术，大力引进产业关联性较强、市场前景良好的高新技术成果，集中力量，协同攻关，实现成果转化，以工艺设备创新为保证，广泛运用高新技术改造传统工艺，推动企业技术升级，培育新兴企业。以产品创新为突破口，开发一批省级、市级新产品，提高市场竞争力。加强企业技术创新体系建设，以机制创新、管理创新为前提，加快企业技术研发中心建设，加强知识产权保护，增强企业创新能力。

(3)搭建科技创新平台

构建一批"众创空间"，鼓励社会力量投资建设或管理运营创业载体，为科技创新创造良好环境。着力实施"互联网＋"战略，逐步推进互联网科技大市场发展，建立集技术交易、技术经纪、科技金融、科技咨询和知识产权于一体的线上线下科技成果转化平台，建成中小企业科技成果转化服务体系、农村科技成果转化服务体系、科技合作交流成果转化服务体系、企业技术创新成果转化体系和技术信息网络成果推广服务体系。加大专利联合执法力度，保护知识产权所有人的合法权益。

2. 吸引创新人才入青

（1）制定出台人才引进优惠政策

以河北省启动京津冀协同发展引智计划为契机，积极实施人才培养扶持工程，吸引各类人才到青县兴业创业，为高端优质人才的聚集营造良好的政策环境和社会环境。

（2）探索建立京津人才创新创业基地

积极对接京津高等院校、研发机构，通过提供优越的场地、资金、政策等方面的支持，吸引京津高级人才到青县开展创新创业、产业孵化，助推青县产业转型升级和新兴产业发展。

（3）加强专业技术人才队伍建设

大力推进技能型人才和企业人才队伍建设，充分利用现有教育资源，加强职业技能教育，不断提升技能型劳动者的综合素质。建立完善技能型人才培养、评价、使用、选拔激励机制，优化技能型人才发展环境。紧紧围绕满足改造提升传统产业、发展战略性新兴产业需求，面向重点企业和科研单位，加大石油装备、数控机床、新能源汽车等行业对口引进高层次专业人才力度，力争引进一批高层次人才。力推人才股份化、技术资本化，提高科技成果转化、转让获得收益比例，调动本土和引进人才的积极性，激发其创新发展活力。

（4）加快人才引进平台体系建设

大力支持技术研究中心、企业研发中心、实验室与工作站、创新实践基地与公共实训基地建设，组建产业针对性强、促进发展升级的技术联盟。建立与青县经济社会发展相适应的人才需求预测和调整机制，加快相关产业高精尖专业人才引进；健全跨区域人才流动机制，为人才引进提供制度依据；逐步完善户籍、住房、教育、人事和社保转移衔接制度，实行柔性引才。

3. 建立创新机制

(1)创新市场运作机制

建立健全政府和社会资本合作制度体系，推广运用政府和社会资本合作模式。创新股权激励机制，鼓励企业采取股权奖励、股权出售、股票期权等方式，对企业重要管理、科技人员实施股权激励。鼓励企业以科技成果作价方式入股其他企业。

(2)创新园区建设机制

推广"政府推动、企业经营、市场运作、多元投入"的园区开发模式，建立市场化建设、专业化招商管理服务机制。以青县经济开发区为重点，衡量工业用地投资项目的亩均产出、亩均税收、单位能耗、单位污染物排放等指标，并建立综合评价机制，配套实施差别化政策。

(3)创新土地利用机制

建立工业企业"亩产效益"评价体系和分类动态管理机制。开展好宅基地和集体建设用地使用权确权工作，完善城乡建设用地增减挂钩政策，将美丽乡村建设重点村和中心村建设涉及的宅基地、农村废弃建设用地整理，纳入增减挂钩试点管理。

(4)创新选人用人机制

树立注重品行、崇尚实干、重视基层、鼓励创新、群众公认的用人导向，充分调动和激发广大党员干部的干事创业活力。

(二)促进转型升级发展

1. 推进园区率先发展

(1)优化园区发展格局

强化规划引领功能。充分发挥毗邻京津优势，精准谋划规划对接、产业对接，全力打造对接京津产业转移的先行区。全面完善产业发展规划和基础设施、公共服务规划，结合园区产业发展定位，统筹安排全县产业空间布局。

融入京津冀协同发展。按照错位发展、特色发展的思路，把"招大引强"作为主攻方向，发挥定向招商团队、专业招商团队优势，分领域、分行业组织专门队伍，加强与国家部委、京津政府、科研院所和园区、大专院校、大型企业集团的对接合作，争取政策支持，引进项目、资金和人才。

强化园区聚集功能。以打造石油装备高端制造基地、中国机箱制造示范基地、特种缝制设备制造基地、新能源车辆制造基地、现代食品加工生产基地"五大基地"为定位，按照"大集团引领、大项目支撑、集群化发展"的思路，承接京津功能疏解和产业转移，推动园区经济由企业聚集向特色产业聚集转变。加快建设特色明显的园区，支持具备条件的园区申报各类产业基地、示范基地，打造一批中小企业孵化园区和特色产业园区，加快形成各具特色的产业集群。

（2）推进园区基础设施建设

加快推进产城融合，实现园区基础设施建设与县城建设互联共享。以建设省级一流开发区为目标，为吸引京津人流、物流、资金流创造良好的硬件环境，加快拓展"九通一平"范围，加强土地储备，进一步提高开发区承载力。充分发挥毗邻京津优势，精准谋划交通对接，大力推进交通体系建设，打造连通京津的"快速通道"，实现县域内外、京津冀地区互联互通。以构建大交通、打通微循环为目标，加快推进青县与京津，特别是天津的交通对接，着力解决对接京津"最后1千米"的问题。

（3）加大招商引资和项目建设力度

充分发挥青县区位、资源等比较优势，加强与京津的资源对接。采取小团组、专业化招商方式，努力扩大招商成果。

加快推进重大项目建设投产达效。针对近年来新上的省市重点项目和引进的其他优质项目，加大服务力度，着力解决项目建设和运营中的实际问题。增强投资者信心，力促项目加快建设速度，早日达产达效。力争培养一批投资规模大、科技含量高、税收贡献大的行业龙头企业。

2. 加快传统产业转型升级

（1）积极发展石油装备高端制造业

推进石油装备业高端化、智能化、节能化发展，打造石油装备高端制造基地。以华油钢管有限公司、巨龙钢管有限公司和第一机械厂为基础，依托中国石油天然气集团有限公司和国家级实验室优势资源，进一步加大设备投入和新产品科技研发力度，研发节能性生产设备，推出智能化生产工艺，提高产品档次。

通过项目引进、合资合作等方式，根据民用管道市场需求不断扩大的趋势，充分发挥青县管道生产技术人才优势，加大培育力度，积极扶持本土民营龙头企业，加快形成民营经济新的增长点。

(2)大力推动电子机箱产业链条拓展延伸

依托青县"中国电子机箱制造基地"、马厂镇"河北省电子机箱制造名镇"的良好产业基础和知名度，打造中国机箱制造示范基地。

积极向产业链上下游拓展延伸，使产品实现从制造到"智造"、从机箱到整机、从外壳到核心技术的转型升级。鼓励企业向上游钣金机械制造延伸产业链，发挥产学研平台优势，培育、引进数控机床生产企业，促进电子机箱生产设备的集群化发展。引导电子机箱生产企业提升装备水平，实现行业智能化、信息化、低成本发展。鼓励行业优势明显的企业向下游电气电子配件、整机代工或自主品牌整机产品发展。

实现产品多样化发展，依靠钣金加工基础优势，面向信息技术、石化、铁路机车、电子多媒体教学、航空航天等多个领域的需求，创新产品结构，增加产品品类，提升产品档次，促进产业升级。

强化行业协会功能，规范行业经营行为，培育龙头企业，引导实施品牌战略，提高行业标准化、专业化、精细化水平，促进行业健康有序发展。

(3)积极促进特种缝制设备产业智能化发展

培育智能化缝制设备行业，打造特种缝制设备制造基地。顺应未来缝制企业加工智能化、集成化趋势，充分发挥缝制设备制造产业销售渠道、资本积累、技术工人等基础优势，强化与上下游企业对接合作，发挥行业协会功能，突破发展瓶颈，提升行业水平。

加快与京津科研院所、高校、国内外顶尖企业组建技术创新联盟，加强专业人才引进，加大研发投入，开展技术攻关，引进新工艺，推出智能化缝制设备机型，打造自主品牌，提升产品竞争力和附加值。引导企业积极拓宽融资渠道，引进战略合作伙伴，打造行业龙头企业，实施产品多样化战略，促进行业健康、快速发展。

(4)龙头带动食品加工产业现代化发展

培植壮大食品加工行业，打造现代食品加工生产基地。加快小洋人工业新城建设，推进小洋人集团从乳饮料到乳制品的产品升级；加快周黑鸭休闲食品等项目建设，引导休闲食品生产行业发展，带动养殖业发展，形成现代食品加工生产行业龙头。

(5)第二、第三产业融合推动红木家具产业特色发展

加速发展红木家具制造特色产业。制定完善红木家具产业发展规划和扶持政策，科学规划红木文化旅游线路，培育红木家具龙头企业，做大做强产品品牌、旅游品牌，使红木家具制造、红木文化旅游融合互促。

加快推进中古红木文化产业园建设，逐步实现红木家具制造业规模化、集聚化发展；实施红木文化博物馆等项目建设，做大做强青县红木文玩大集，谋划引进红木相关题材影视拍摄，努力打造集红木原料集散、红木家具制造、红木家具博览、古玩字画品鉴于一体的北方最大红木家具制造交易基地；积极融入旅游景区、旅游路线，发展红木文化旅游，提升青县红木家具产业的知名度和影响力。

3. 推动新兴产业发展壮大

(1)发展壮大新能源车辆制造业

积极对接引进电机、控制器等新能源电动车零件生产项目，加快培育新能源电动车零配件产业，延伸产业链条，增强产业聚集效应，努力打造北方重要的新能源车辆制造基地。

(2)培育发展汽车零部件产业

顺应汽车消费市场的持续升温形势，加快推进现有汽车改装、汽车水箱配套、汽车变速器等项目建设，加紧与北京现代汽车有限公司等汽车生产企业对接，争取引进汽车配套相关企业，快速形成汽车零部件产业规模。

(3)加速发展数控机床产业

以我国《数控机床产业发展专项规划》为指导，引进国内外先进数控机床生产企业落户青县，实施产业扶持政策，支持数控机床产业发展，逐步形成数控机床产业聚集区。

(三)实现绿色持续发展

1. 加强环境保护

(1)改善大气环境质量

按照京津冀大气污染防治核心区要求，深入实施大气污染防治"八项工程"(减煤、治企、降尘、控车、除烟、增绿、机制和能力建设)，确保区域内环境质量优良。全面开展小喷涂等重点行业挥发性有机物达标治理工作，对重点大气污染源实行实时在线监控。加强机动车污染控制，建立机动车污染

防治协调联动机制，推行检测机构和检测线标准化，严格实施国家机动车排放标准，加大力度淘汰老旧机动车。加强新能源和可再生能源技术的研究开发及推广应用。加快新能源汽车推广应用，逐步实现城区新能源公交车全覆盖。探索出租车辆新能源化。强化燃煤治理，逐步淘汰高能耗、重污染的燃煤锅炉、窑炉及各类生产落后工艺和设备，加快清洁煤锅炉、燃气锅炉、电锅炉的推广与应用。强力推行集中供热，全面取消小锅炉供热，适度推广燃气、太阳能、地热和电暖等清洁能源供热。

(2)推进水环境综合治理

以子牙新河、黑龙港河、南排河等跨界河流为重点，推进流域综合治理、中小河流治理，严格执行断面考核和生态补偿制度，确保跨界断面水质持续改善，彻底消除劣 Ⅴ 类水体。加强对运河、二支渠、三支渠、唐干渠等重点河流、沟渠以及县域内重点坑塘的保护、监管和整治。深入实施地下水超采综合治理，推广节水技术和产品，通过"节、引、蓄、调、管"等措施，基本实现地下水采补平衡。推进污水处理设施升级改造，加强城镇污水处理设施、工业点源污染防治、规模化畜禽养殖水污染物减排及农村面源污染防治等重点工程项目建设。重点乡镇建成污水处理厂，使城镇污水得到有效处理。加强对进入城市排水管网和城市污水处理厂企业污水的监督检测，推进涉水排污企业全部接入市政污水管网，确保稳定达标排放。积极推广再生水利用和污泥处置工程，加强再生水利用设施建设，扩大再生水在工业用水，农、林、牧业用水，城市非饮用水，景观环境用水等领域的应用，提高污水处理厂污泥处置率和再生水利用率。

2. 构筑绿色生态体系

(1)持续推进绿色青县攻坚行动

按照"保成活、造景观、提效益"的思路，实施好通道绿化、农田林网绿化、环城绿化、城镇村屯绿化四大绿化工程；完成京沪高铁、沧廊高速公路绿色廊道建设；实施好京沪高速两侧、县乡主干路两侧通道绿化工程；加快陈嘴乡西大淀生态片林、盘古镇千亩优质桃园等片林建设。积极推行绿色行为方式，加大绿色机关、绿色企业、绿色社区建设，倡导绿色消费、勤俭节约的社会风尚。大力推广使用绿色交通工具，完善城区自行车存放点、自行车道建设，为群众绿色出行创造便利条件。提高城镇生活垃圾无害化处理能力，在城区探索推行生活垃圾分类收集处理模式。加快启动城西垃圾处理场建设，总结推广马厂镇、流河镇农村垃圾处理经验，提高农村生活污水和垃圾处理能力。加强绿色宣传，树立绿色新风，将生态文明普及百姓生活的方方面面。

（2）加强自然资源保护

实行能源和水资源消耗、建设用地总量和强度双控行动，促进资源集约高效利用。严格落实能耗强度、煤炭总量、二氧化碳排放控制等生态红线，严守资源消耗上限、环境质量底线、生态保护红线，将各类开发活动限制在资源环境承载能力范围内。全面落实最严格的水资源管理制度，强化用水总量控制、用水效率控制和水功能区限制纳污"三条红线"，淘汰压减高耗水产业产能，实施好地下水超采治理项目，努力建设节水型社会。坚持和完善最严格的耕地保护制度，落实占补平衡、占优补优各项政策措施，盘活闲置低效利用土地，推进镇村低效用地再开发。规范使用农业投入品，实施"化肥农药零增长行动"，加强对农业面源污染治理和土壤污染防治。探索科学方式，着力解决蔬菜生产重点乡镇因棚室建设带来的"白色污染"问题。大力推广清洁生产，发展循环经济，提高资源产出效率。

（3）加强生态制度建设

贯彻落实《规划环境影响评价条例》，切实加强区域、流域规划环境影响评价，注重区域、流域生态系统的整体性、长期性环境影响；切实加强对规划环境影响评价工作的组织协调，将规划环评费用纳入财政预算，严格支出管理，接受审计监督。提升全县环境监测水平，完善环境监测能力。建立完善重点污染源动态管理数据库，实现对国控、省控重点污染源及新增重点污染源的有效监管。

（四）推进外向开放发展

1. 大力发展外向型经济

瞄准东北亚和中东欧地区，积极搭建与日、韩和欧洲国家的国际合作平台，广泛开展与日、韩和欧洲国家的友好交流活动，谋划建设国际合作产业园区。立足管道装备、电子机箱、缝制设备等产业优势，深化与环渤海地区产业分工协作，加强与长三角、珠三角等地区产业对接合作，谋划共建合作园区，积极承接产业转移。发展优进优出货物贸易，扩大有利于转型升级的技术、产品进口和高新技术产品出口。积极鼓励外贸商业模式创新，推进"互联网＋"对外贸易服务模式，增创对外贸易优势，外贸整体实力显著增强。

2. 加快企业"走出去"步伐

以国家加快推进国际产能合作为契机，推动青县管道装备、电子机箱、缝制设备等优势产业"走出去"，积极在服务"一带一路"建设中加快发展。引导企业用足用好国家、省、市外向型经济发展扶持政策，促进国际市场开拓和外贸转型升级。加强外向型企业培训，每年组织重点企业到先进地区进行考察洽谈。积极探索建立具有本地特色的跨境贸易电子商务服务平台。加大对"走出去"企业的融资支持力度，广泛聚集国际国内优质资源，推进青县新一轮高水平对外开放。

3. 提高利用外资水平

巩固日、韩等优势区域，拓展欧美等潜力区域，着力加强与"一带一路"沿线国家合作，促进外资来源多元化。积极鼓励发展跨境融资，鼓励优势企业境外上市。

参考资料：

[1]沧州市青县人民政府网，http：∥www.qingxian.gov.cn／，2020-05-18.

[2]青县地方志编纂委员会.青县志 1978—2008.北京：九州出版社，2012.

[3]青县统计局.青县国民经济统计资料汇编(2009—2016).

第三章 沧州市运河区经济发展调研报告

高永国　赵国华　高子英　于明辉

摘　要： 沧州市运河区是大运河河北段的重要节点。本章首先从沧州市运河区的概况、特色产业、名优产品、重点企业、招商引资、现代农业等方面进行了介绍。其次，分析了沧州市运河区经济发展中存在的问题，包括企业科技创新能力不足、房地产价格与经济发展及居民收入不匹配、忽视城乡一体化等。最后，提出了促进沧州市运河区经济进一步发展的建议。

关键词： 经济概况，特色产业，重点企业，现代农业

一、沧州市运河区概况

(一)沧州市运河区的历史沿革

1958年，现辖区域属沧县城关公社城关管理区和南关管理区。1961年6月1日，以沧县城关公社为基础建立沧州市。该区南部由南大街公社管辖，北部由新华路公社管辖。1980年3月6日，沧州市设立新华、运河、郊区3区，因境内有著名的运河蜿蜒而过，故名"运河区"。1980年5月7日，运河区筹备组成立，党群部门在南大街公社原址办公，政府及后来的人大部门在市招待处南院办公，旋即组建6个街道办事处。1981年，规范地名，办事处名称定为：西环中街街道办事处、南环中路街道办事处、水月寺街道办事处、市场街道办事处、公园街道办事处和南湖街道办事处。1997年11月，撤销沧州市郊区，南陈屯乡(不含王希鲁村)和小王

庄镇(不含三里、北赵家坟村)2个乡镇，83个村并入运河区。2000年，调整区划，运河区辖水月寺、市场、公园、南湖、西环、南环共6个街道及小王庄镇、南陈屯乡。2002年3月，对社区管理体制进行改革，将原53个居(家)委会，调整为39个社区居委会，原城区18个非农业村成立小区管委会同时并入相应的社区居委会。

(二)沧州市运河区经济概况

2017年，运河区生产总值2831156万元，规模以上工业总产值2443010万元，社会消费品零售总额1005343万元。社会消费品零售总额位居沧州市第一，全部财政收入和一般预算收入在沧州市名列前茅。

1. 第一产业

运河区第一产业规模较小，且发展比较稳定。2017年，运河区第一产业总产值为4765万元，占地区生产总值的0.56%(图3-1)。

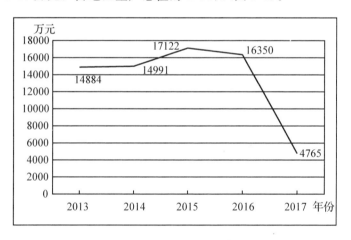

图 3-1 沧州市运河区 2013—2017 年第一产业总产值

数据来源：《河北经济年鉴》

全区粮食作物以小麦和玉米为主，也种植大豆、甘薯、花生、棉花。蔬菜以叶菜类为主，也种植白萝卜、胡萝卜、黄瓜、南瓜、西葫芦、豇豆、四季豆、茄子、辣椒、西红柿等。

运河区加大农业结构调整，推进"菜篮子"工程。全区集中财力大力发展设施农业、生态农业、观光农业和以无公害、绿色食品生产为代表的新兴农业。突出抓好现有园区、基地的提升、扩规、增效工作，沿河大棚菜、无公害蔬菜科技示范园区、国家级苗木基地、畜禽养殖小区等整体规模不断扩大。按照"优先发展大群体，兼顾发展小群体"的模式，重点抓好占地 100 亩的大和庄养殖小区建设；积极探索建立多种形式的中介服务和经济合作组织，建立蔬菜种植、农产品运销等协会组织；实施国家匹配林工程；启动沧州民俗植物园建设，发展游乐休闲观光农业；实行强强联合，建立全国知名的兽药饲料园区；同时，建好区级农业综合网和专业网站。

2. 第二产业

2017 年，运河区第二产业总产值达到 824442 万元，比 2016 年增长约 18.8%，第二产业占地区生产总值的比重从 2016 年的 27.8% 上升为 29.1%（图 3-2）。

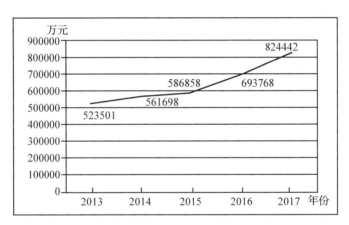

图 3-2 沧州市运河区 2013—2017 年第二产业总产值
数据来源：《河北经济年鉴》

3. 第三产业

2015—2017 年，运河区第三产业快速发展。2015 年，第三产业总产值为 1666947 万元，2016 年为 1784521 万元，2017 年为 2001949 万元（图 3-3）。

4. 社会消费品零售总额

2013—2015 年，运河区社会消费品零售总额持续增长，分别是 664273 万元、751293 万元和 828725 万元，2016 年运河区社会消费品零售总额达到 1421867 万元，2017 年社会消费品零售总额为 1005343 万元，比上一年减少约 29.3％，但仍高于前四年的平均水平(图 3-4)。

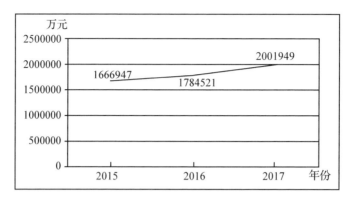

图 3-3　沧州市运河区 2015—2017 年第三产业总产值

数据来源：《河北经济年鉴》

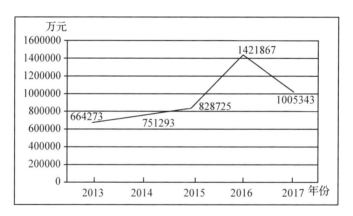

图 3-4　沧州市运河区 2013—2017 年社会消费品零售总额

数据来源：《河北经济年鉴》

5. 城乡居民收入

随着经济的发展，运河区居民可支配收入得到快速增长。城镇居民人均可支配收入从 2015 年的 29927 元提高到 2017 年的 35038 元；农村居民人均可支配收入从 2015 年的 12259 元提高到 2017 年的 14578 元(图 3-5)。城乡居民人均可支配收入的持续增长为经济的进一步发展奠定了基础。

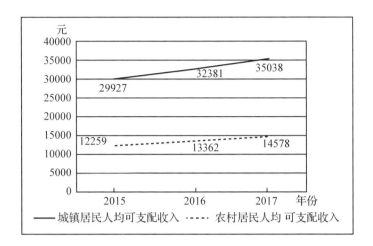

图 3-5 沧州市运河区 2015—2017 年居民人均可支配收入

数据来源：《河北经济年鉴》

二、特色产业

沧州市运河区特色产业之激光产业园

运河工业园区规划面积约 11.66 平方千米。运河工业园区确定激光产业为核心产业，打造集研发、装备制造和应用于一体的沧州激光产业园——"北方光谷"。

推进沧州产业升级。沧州管道装备、机械制造基础雄厚，是中国汽车模具制造基地、热塑模具基地、纸箱包装机械产业基地，而激光切割、激光焊接、激光快速成型技术等，正是促进这些传统产业升级换代、提高产业效率的便捷手段。园区致力于为沧州市传统装备制造业量身定制激光应用和服务系列产品，提供激光应用综合性解决方案，集激光人才培养、公共技术服务、研究成果于一体，重点面向沧州传统优势产业提供配套服务。项目建成后，将孵化一批激光加工应用新型技术企业，孵化企业的年产值规模可超过 10 亿元，并带动相关产业形成超 100 亿元的年产值规模。华工森茂特激光科技有限公司利用激光切割技术，对石油筛管的管材进行切缝，淘汰了陶瓷割片工艺技术，完成冷铣技术工艺无法完成的产品制造，实现了年加工石油筛管专用管材 100 万米，已成为目前全世界最大的激光切割石油筛管生产基地之一。

培育行业高端企业。建立支持园区建设领导小组，区委、区政府主要领导挂帅，区级领导分包项目，专人负责全程服务，帮助企业解决从招商到落地过程中遇到的问题。出台《深入实施创新驱动战略促进激光产业发展的意见（试行）》《深入实施创新驱动战略促进中小企业转型升级的意见（试行）》等多个文件，为企业发展创造良好环境，努力培育在全国乃至世界激光行业中的高端企业。华工科技产业股份有限公司是国内首家以激光为主业的上市公司，其在运河区投产的最新一代激光装备——半导体激光机，效率比二氧化碳激光器的效率提高了 6 倍，比光纤激光器的效率提高了 2 倍，同时实现了三维机器人激光切焊机机器人技术与激光应用的完美结合。江苏领创激光科技有限公司专业研发大功率激光切割机，市场占有率位居全国前三强，自在运河区投产以来，销售额连创新高。河北沃克曼数控机械有限公司生产的激光冲床复合机，在国际上第一次将激光和冲床合二为一，全面解决了柔性板材加工装备技术问题。广东国工信云计算有限公司投资建设的超高速五轴数控系统、高精度激光数控系统、高速四轴（五轴）联动数控系统经过实验，其数据比西门子同类产品提高 40％以上，其核心技术指标已达到或超过现有国际一线品牌的指标。

构筑激光人才高地。高新技术产业最宝贵的是高精尖人才。园区成立激光技术专家团，邀请众多国内激光行业的顶尖专家加入，为园区发展提供技术支持。园区与上海华东理工大学、沧州职业技术学院等一批高中专院校建立合作机制，依托激光加工国家工程研究中心京津冀区域中心，建立了激光加工技术实训基地和激光科普教育基地，培养激光技术实用人才。组建中小企业服务中心和培训管理中心，重点加强对创新创业型企业和人才的服务，设立人才奖励资金，以高层次人才组织建设为抓手，从创业扶持、薪酬待遇、住房优惠、社会保障、子女入学等多方面为人才创造一流的创业环境。

今后，沧州激光产业园将瞄准"三个高于""两个翻番""一个全面建成"的目标，坚持创新、协调、绿色、开放、共享的发展理念，坚持协同发展、转型升级、又好又快的工作主基调，进一步加快激光产业园建设，打造京津冀地区的新"光谷"，推动城市经济发展、推动产业结构调整、推动创新驱动发展实现新突破。

三、名优产品

(一)河北省著名商标——"铁狮"尿素

"铁狮"尿素是沧州大化集团有限责任公司(原河北省沧州化肥厂)的一个品牌。沧州大化集团有限责任公司始建于1974年,是国家大型一类企业,也是国家重点化肥企业,被评为"全国化工百强企业""河北省大型支柱性企业集团",并荣获全国五一劳动奖状。

沧州大化集团有限责任公司坐落在历史文化古城沧州市。沧州距首都北京210千米,境内有京福高速公路、石黄高速公路,京沪铁路、京广铁路,黄骅大港等,并位于环渤海经济圈中心位置,具有广阔的发展前景。

公司生产的"铁狮"牌尿素、"飞狮"牌二异氰酸酯、"沧月"牌过氧化氢等产品通过ISO 9000质量管理体系认证,"铁狮"牌尿素为全国免检产品。

(二)河北省著名商标——"晓东"添加剂氯化胆碱

"晓东"是沧州市大洋兽药有限公司的品牌。该公司位于沧州市西二环与307国道交汇处,交通便利。

大洋兽药有限公司是国内生产饲料添加剂氯化胆碱的专业大型公司,拥有国内先进设备,采用优质原料、新型包装,以先进的生产技术装备和完整的质量保证体系,于2002年2月通过了ISO 9001质量管理体系认证,其产品深得广大用户信赖。

大洋兽药有限公司将以发展民族饲料工业为己任,发扬真诚、务实、高效、进取的精神,以科技求发展,视质量为生命,以优质的服务、良好的信誉,为提高国内外广大用户的饲料品质和经济效益做出贡献。

(三)河北省著名商标——"中特"饲料

"中特"饲料是河北中特农牧集团公司的品牌。该公司成立于1992年,总部位于河北省沧州市颐和庄园,是一家按照现代企业制度建立的股份制高新技术集团公司,公司集功能性饲料研发、生产,奶牛、肉牛养殖与技术服务为一体,拥有河北中特饲料科技有限公司、河北绿奥乳业有限公司、沧州赛科星牧业有限公司、德中（沧州）新能源科技有限公司等多家子公司，实力雄厚。

公司具有一流的研发能力，领先的技术，先进的生产设备，以中国农业科学院饲料研究所、河北农业大学为技术依托，以沧州特产"金丝小枣"为核心原料，综合应用微生物发酵技术、植物萃取技术和营养平衡技术，研发出一系列畜禽安全高效功能性预混料。

公司始终坚持"打造农牧产业链，实现顾客价值最大化"的经营方针，奉行"与客户共享成功，与员工共求发展，与社会共同进步"的经营理念，以跟踪世界畜牧发展潮流、引领中国畜牧业健康发展为己任，长期坚持高比例研发投入不动摇，高质量生产不动摇，以雄厚的技术、优质的产品，良好的信誉、完善的服务，赢得市场的信赖。

（四）河北省著名商标——"沧环"氯化胆碱

"沧环"是沧州市环球药业有限公司的品牌。沧州市环球药业有限公司（原沧州市环球兽药厂）地处河北省沧州市运河区，是农业部批准的生产畜禽用氯化胆碱的专业厂家。

（五）河北省著名商标——"回家金起"香油

"回家金起"香油是沧州市回家金起香油有限公司的品牌。该公司成立于1985年，它的前身是沧州晓事街南栅栏口回家香油坊。

"回家金起"香油于1999年在国家工商总局进行了注册，精选国家优质芝麻为原料，采用传统工艺及先进的生产设备制造而成。它以香油纯正、油质清澈而远近闻名。产销量一直居沧州市首位，远销京、津等地及日本、韩国等。多年来公司以信誉求生存、以质量求发展、视顾客为亲人的基本原则深受广大消费者的欢迎。同时，社会各界也给予高度评价，"回家金起"香油曾连续被评为沧州市质量信得过产品。2000年，公司产品荣获第九届农副产品博览会金奖，公司连续两届被河北省命名为无假冒商品经营企业；2001年，公司被评为河北省第六届消费者信得过单位；2003年，又被命名为河北省消费者信得过门店和河北省名优产品称号；2006年，该公司又通过ISO 2000质量管理体系认证；2007年，"回家金起"香油被评为河北省名牌产品、河北省著名商标。沧州市回家金起香油有限公司在获取这些荣誉后没有骄傲，而是对其发展与经营提出更高的要求，加快企业正规化建设步伐，建立起严格企业管理制度，并确保产品优质优价，增强品牌的竞争力，同时，努力拼搏、不断进取，为争创先进文明单位奠定基础。

(六)河北省著名商标——"沧月"过氧化氢

"沧月"过氧化氢是沧州大化集团有限责任公司的品牌。

(七)河北省著名商标——"飞狮"多孔粒状硝酸铵

"飞狮"是沧州大化集团有限责任公司的品牌。沧州大化集团有限责任公司由中国化工集团控股，沧州市政府参股，是我国重要的异氰酸酯和化肥生产基地。

(八)河北省著名商标——"华狮"家具

"华狮"是河北华狮家具有限公司的品牌。河北华狮家具有限公司于1995年成立，注册资金328万元，主要产品有板式家具、电视柜、床垫、复合实木地板，产品出口美国、韩国、俄罗斯、日本等国家。该公司是河北省家具行业的骨干企业，以生产高档板式拆装家具为龙头，集电视柜、曲木沙发、软体床垫为一体的企业集团。公司在内蒙古、山东、山西、陕西等全国30多个省区市设有销售处。1994年，"华狮"家具被河北省消费者协会列为河北省"特殊推荐产品"；1997年、1998年被轻工部检测站检测为"轻工部A级产品"；1997年，被评为"河北名牌产品"。

(九)河北省著名商标——"达美时"定时器、开关

"达美时"是沧州市正达电气股份有限公司的品牌。沧州市正达电气股份有限公司建于1970年，于1994年改制成为股份制公司，是定时器专业生产企业。其产品主要为国内著名家用电器企业配套，并出口到东南亚、非洲、南美洲等地区。公司已通过ISO 9001质量管理体系认证、ISO 14001环境管理体系认证，注册商标为"达美时"牌，其全部产品通过中国质量认证中心

(China Quality Certification Centre，CQC)认证，电烤箱系列产品还通过美国保险商试验所(Underwriters Laboratories Inc.，UL)认证和德国电气工程师协会(Verband Deutscher Elektrotechniker，VDE)认证。

(十)河北省著名商标——"喜宝"乳品

"喜宝"是沧州喜宝乳品有限公司的品牌。沧州喜宝乳品有限公司于 1990 年在河北省沧州市运河区南环中路注册成立，公司成立之初主要经营生产和销售乳酸菌乳品、果茶、冰激凌，注册员工人数为 40 人，注册资本 151 万元。

四、重点企业

沧维铁合金有限公司

沧维铁合金有限公司成立于 1988 年，公司以专注、用心、服务为核心价值，通过专业水平和不懈努力，为用户提供优质的服务。多年来，沧维铁合金有限公司一直以用户需求为核心，以优质、用心的服务赢得了业界的信赖和好评，逐渐树立起公司良好形象。公司不仅仅提供专业的服务，同时还建立了完善的售后服务体系，为中途遇到的问题和困难的用户提供指导和帮助。

沧州福道冶金轧辊有限公司

沧州福道冶金轧辊有限公司成立于 1991 年，环境整洁优雅，固定资产 10.6 亿元，年综合生产能力 12 万吨。

沧州市天河印刷有限公司

沧州市天河印刷有限公司成立于 2013 年。公司的办公地址位于沧州市运河区，公司有好的产品、专业的技术团队和专业的销售团队，为客户提供优质的产品、良好的技术支持和健全的售后服务。

沧州市运西明珠造纸厂

沧州市运西明珠造纸厂成立于 1993 年。其产品主要销往山东、河南、浙江等地。运西明珠造纸厂产品质量优良，质优价廉，服务周到。

沧州大化集团有限责任公司

沧州大化集团有限责任公司由中国化工集团控股、沧州市政府参股，以化肥、TDI 为主导产品的大型综合性化工企业集团，属国有独资企业。集团下属 5 家子公司(含 1 家上市公司)。

沧州大化集团有限公司依托国家级经济技术开发区——渤海新区的区位、资源、交通及环境容量优势,依托央企的资金优势,充分发挥自身人才、技术和管理优势,建立了上下游产品紧密衔接、产业链完整、主业突出的循环经济发展模式。

河北沧州东塑集团股份有限公司

河北沧州东塑集团股份有限公司地处河北省沧州市运河区,成立于 1998 年。该公司从一个净资产 13 万元的小作坊发展成为资产总值 12 亿元、年塑料加工能力 10 万吨的国家大型企业集团,下设 7 个子公司、2 个分公司。主要生产燃气用埋地聚乙烯管材、管件及给水用聚乙烯管材、管件,高密度聚乙烯双壁波纹管、硅芯光缆管、多孔缆线护套管,PVC-U 芯层发泡管、内螺旋管及管件,建筑用绝缘电工套管及管件,同步双向拉伸尼龙薄膜,席梦思床垫及复合材料,聚氨酯泡沫塑料、各种聚氨酯用助剂等多种产品。

公司产品销往全国 20 多个省区市,并远销到美国、日本、加拿大等国家和中东地区,全部产品通过了 ISO 9002 质量管理体系认证。公司经营范围除生产塑料制品外,还涉及房地产开发、化工原料经营、塑料机械设备制造等,是国家外经贸部批准的自营进出口单位。

沧州市华生食品有限公司

沧州市华生食品有限公司位于河北省沧州市运河区一中前街。多年来,沧州市华生食品有限公司以科学发展观为指导,深化改革,创新发展,企业实力不断提升。沧州市华生食品有限公司一直以稳定可靠的产品质量和良好的经营信誉,取得了广大客户的信任,紧随市场发展趋势,不断地开发新产品,以满足广大客户的新需求。

沧州津港公路设施有限公司

沧州津港公路设施有限公司位于沧州市迎宾大道中路,北临沧保公路和 104 国道,西临京福高速公路,位置得天独厚,交通便利。沧州津港公路设施有限公司成立多年,拥有先进的生产设备和各类高级技术人才,这些为公司的发展壮大奠定了坚实的基础。公司以良好的信誉获得了客户的一致好评,其产品质量稳定,售后服务完善。公司本着雄厚技术力量获得了高速公路护栏板及立柱管交通部质量免检产品。

沧州金达塑业有限公司

沧州金达塑业有限公司是专业生产塑料包装材料的厂家，创建于1996年。现拥有员工200多人，其中具备中高级技术的技术人员和管理人员多名。2000年，公司通过ISO 9001质量管理体系认证，被政府多次授予"明星企业"光荣称号。

沧州金达塑业有限公司集研发、生产、销售于一体。其产品主要被广泛用于电子、服装、食品、医药等行业产品的包装。公司还可按客户要求生产其他特种规格的产品，如抗静电片、各色色片、金银片、双色片等，能满足客户的不同需求。公司技术力量雄厚，生产设备先进，管理经验丰富，产品质量一直处于国内领先水平。近年来，公司以可靠的质量、良好的信誉赢得了广大客户的信任，建立了以京津冀为中心，并辐射山东、山西、内蒙古等地的销售网络。

河北鲲鹏饲料有限公司

河北鲲鹏饲料有限公司建于1994年。公司依赖惠民富民之强势，经过多年的艰苦创业，顽强拼搏，取得了跨越式发展。

公司自创业以来，一直引领沧州标准化养殖饲料行业，连续十几年销量位居同行业之首。现已形成以畜牧产业化、饲料、养殖、加工为主产业链的现代化集团运营模式，并朝规模化、低碳化、集约化发展。公司下设河北碧水蓝天饲料有限公司、邯郸鲲鹏饲料有限公司、沧州市鲲鹏包装制品有限公司、沧州市鲲鹏农牧养殖专业合作社、沧州鲲鹏进出口贸易有限公司等，是涉及畜牧、饲料、养殖、食品、包装、金融等多行业、多元化的大型现代化集体企业。

沧州环宇电路板有限公司

沧州环宇电路板有限公司地处环渤海经济开发区腹地，位于沧州市北二环路南，比邻京津，交通便利，拥有优越的地理环境。公司始建于1983年，1989年与新加坡电化学有限公司合资，是专业从事印制板生产的企业，是中国印制电路行业协会会员单位、协会标准化技术委员单位。公司具有多年印制板科研与生产同步发展的历史，是拥有8000万固定资产的中型企业。

沧州运通锁具有限公司

沧州运通锁具有限公司是一家位于河北省沧州市运河区的企业。

大元建业集团股份有限公司

大元建业集团股份有限公司是一家拥有房建、市政、机电、装修、钢构、地基、消防 7 项国家一级资质，公路、水利 2 项三级总包资质及境外经营权的现代化建筑施工企业。该公司是河北省最早通过质量、环境、安全管理体系认证的企业，是沧州建筑业的龙头企业，也是河北省重点支持的十大建筑企业集团之一。公司施工足迹遍及全国各地，并积极探索对外工程承包。

河北方泽建筑工程集团有限公司

河北方泽建筑工程集团有限公司于 2009 年 5 月在沧州市工商行政管理局登记成立。公司经营范围包括房屋建筑工程施工总承包、建筑装修装饰工程专业承包等。

河北金品建筑工程集团有限责任公司

河北金品建筑工程集团有限责任公司于 2009 年 1 月在沧州市工商行政管理局登记成立。公司经营范围包括房屋建筑工程施工总承包、建筑装修装饰工程专业承包、地基与基础工程专业承包等。

河北盛泰房地产开发集团有限公司

河北盛泰房地产开发集团有限公司始建于 1992 年 10 月。2001 年开始实施区域化战略，加强专业化运作，连续实现跨越式发展。目前公司具有国家二级开发资质，以房地产开发为核心，同时兼营酒店、商贸、金融、物业管理等业务。

公司坚持与时俱进，开拓创新，循法尚德、诚信经营，致力打造成中国房地产行业的创新者和领跑者。多年来，公司凭借准确的战略规划、优秀的管理能力、专业的市场运作和不断深化的品牌影响力，赢得社会广泛认同、客户高度赞赏，以及合作伙伴的信任与尊重。

公司于 2005—2011 年连续 7 年荣登"中国房地产企业 200 强"席位。在沧州市区，盛泰集团兴建的"万泰系列"商品住宅家喻户晓。"万泰家园"项目被国家建设部推介为"健康住区"。公司投资建设的怡景园、万泰锦绣家园、万泰阳光等项目，先后荣获"河北省物业管理优秀住宅小区"、"园林式居住小区"、国家建设部"全国物业管理示范住宅小区"等称号。2009 年开工建设，建筑面积 53 万平方米的"万泰丽景"项目，被定位为沧州当年十大城建重点工程之一。

2007年至今，盛泰集团倾力实施中高端地产项目战略，打造百年长青企业。围绕环渤海经济圈区域，实施区域化发展战略，集团先后开发了秦皇岛旅游地产项目、沧州渤海新区旅游地产项目和承德围场旅游地产项目群。

沧州东塑房地产开发有限公司

沧州东塑房地产开发有限公司成立于1999年。公司成立后始终坚持以人为本的开发思路，注重员工综合素质的培养。该公司是沧州市一家具有二级开发资质的房地产开发企业。

公司自成立以来，先后开发建设了众多具有影响力的工程。例如，2000年开发建设的颐和花园小区，被评为"河北省优秀住宅小区"，改写了沧州市无高档住宅小区的历史；2001年公司开发建设的颐和庄园一期工程，被评为"河北省优秀住宅小区"，获得国家级大奖"中国水景名盘"荣誉称号。建设部、建设厅领导都曾多次视察颐和庄园小区，河北省原省委书记、原省长也曾率团专程到颐和庄园视察工作，并给予了高度评价。

面对荣誉，东塑房地产开发有限公司制定并提出了更高的目标和要求，力争把现有单一的地产模式发展成多元化复合模式。2003年，公司建成了高标准、高品位的四星级酒店——颐和大酒店；2004年，与沧州商城联合开发建设完成现代化商业大厦——颐和商城；2005年，建设完成颐和庄园二期工程，建设完成沧州市第一中学分校——颐和中学。该校是沧州市办学条件最好、配套最全、师资力量最为雄厚的民办中学之一。随后，公司又开工建设了颐和广场和颐和家园项目，这两个项目为市政府重点工程。颐和广场建成后成为集商贸、金融、信息、文化、办公为一体的沧州中央商务区。同时，该项目的建设，对提升沧州形象，加快经济发展，完善城市功能，优化发展环境，具有十分重要的意义。

沧州宏达房地产开发有限公司

沧州宏达房地产开发有限公司主要经营房地产开发业，于1993年7月在沧州工商局登记注册，公司注册资本210万元。公司的办公地址位于沧州市运河区，该公司有好的产品、专业的技术团队和专业的销售团队，公司自成立以来，为客户提供优质的产品、良好的技术支持、健全的售后服务，成为沧州房地产开发商行业知名企业。

沧州荣盛房地产开发有限公司

沧州荣盛房地产开发有限公司尊崇踏实、拼搏、责任的企业精神，并以诚信、共赢、开创经营理念，创造良好的办公环境，以全新的管理模式，完善的技术，周到的服务，卓越的品质为生存根本，始终坚持用户至上、用心服务于客户，坚持用自己的服务去打动客户。

沧州市永红电器有限公司

沧州市永红电器有限公司是研制生产配电箱、配电屏、配电柜等成套设备，负荷开关以及各种豪华开关、插座等电器装置件的专业公司。该公司在同行业率先通过 ISO 9002 质量管理体系认证。

沧兴集团有限公司

沧兴集团有限公司隶属于沧兴控股有限公司，直辖法人公司 20 家，涉及商砼生产、管桩制造、干混砂浆、地产开发、岩土工程、油品销售、物流运输、物业家政、五金机电、餐饮服务等多个行业领域。

公司已通过 ISO 9001 质量管理体系认证，是共青团中央"全国青年试点基地"、河北省消费者信得过单位、河北省 AAA 级劳动关系和谐企业、河北省"安康杯"竞赛优胜企业，省区市重合同守信用模范单位、文明单位、诚信企业、明星企业、模范职工之家。

沧州市环球药业有限公司

沧州市环球药业有限公司(原沧州市环球兽药厂)地处河北省沧州市运河区，是农业部批准，生产畜禽用氯化胆碱的专业厂家。公司是河北省饲料工业协会会员单位，是民政局、国家税务局、地方税务局认可的福利企业，享受特殊的社会福利企业待遇已有近十年的历史。公司已具备大规模生产的能力，年生产液体 70%氯化胆碱 1 万吨，粉剂 50%氯化胆碱 1.4 万吨。其产品除销往全国各省市外，还远销至日本、韩国、蒙古国、俄罗斯、美国等国家。公司技术力量雄厚，工艺设备先进，采用优质原材料，产品严格检验，各项技术指标符合国家标准。

河北天辰锻压机械有限公司

河北天辰锻压机械有限公司地处河北省沧州市运河区，是由原沧州市锻压机械厂改制而成的股份制企业。公司始建于 1952 年，已有几十年的压力机生产历史，是我国生产机械压力机的骨干企业，河北省机械制造业的龙头企业。现生产 7 大系列、100 多种规格型号的"铁狮"牌机械压力机。

公司拥有先进的辅助设计系统和可靠的检测检验手段，可为用户设计、制造特殊功能和用途的专机和模具。公司已通过 ISO 9001 质量管理体系认证，其产品曾多次荣获省市级优质产品称号。

沧州市正达电气股份有限公司

沧州市正达电气股份有限公司始建于 1970 年，1994 年改制成为股份制公司，是定时器专业生产企业。公司主导产品有：家用电动双桶洗衣机洗涤定时器、家用电动双桶洗衣机脱水定时器、家用电动洗衣机脱水定时器、全自动洗衣机牵引器、家用电动双桶洗衣机 45 分洗涤定时器、家用电动双桶洗衣机双轴洗涤定时器、电冰箱化霜定时器、电饭煲定时器、电烤箱定时器系列、微波炉定时器、水位传感器、喷灌定时器、微动开关、安全开关、电冰箱门灯开关、空调器组建及定时器组件等，产品主要为海尔、小天鹅、威力、TCL 和其他著名家用电器企业配套，并出口东南亚、非洲、南美洲等地区。公司已通过 ISO 9001 质量管理体系认证、ISO 14001 环境管理体系认证，注册商标为"达美时"牌，其全部产品通过 CQC 认证，电烤箱系列产品还通过 UL 和 VDE 认证。

五、招商引资

(一)招商政策与环境

"四个一"做好招商工作。一是编制招商项目库。对来我区考察客商，其所看地块及其他相关信息，按照全球 500 强、中国 500 强、行业高精尖领军企业、重点行业协会及重点集聚区域进行归纳整理，编制、筛选、储备和包装一批带动力强的拟招商项目，建好招商项目库，为全区重大决策部署提供第一手翔实资料依据。二是搭建对外招商平台。充分运用先进资源、现代服务等优势，大力宣传运河区，建立专门网站，专人负责，专业运作，突出特色亮点，宣传介绍运河投资环境，推介项目及相关政策，对外展现运河形象。三是创办"运河小课堂"。本着"学为虚，做为实"的精神，结合商务实际，充分发挥个人的能动性，及时调整"运河小课堂"，除商务英语、品牌、法律、法规外，每天还准备党的群众路线教育实践活动学习科目进行集体学习，做到"一课一记"，确保"读""写""听""讲"四个百分之百。四是设立商务简报本。及时查阅报刊信息，剪辑商务工作相关报道，广撷他山之石，铺实兴商幸民路。

（二）招商成果

更新招商观念，优化招商环境。积极开展新型产业招商，依托区位优势，引进后劲足、潜力大、效益高的新型总部经济。沧州市信心海运有限公司、河北新溢海运有限公司等落户我区；河北大宗商品电子交易市场等一批专业化、规模化商贸企业入驻我区，且运营良好、前景广阔；房地产招商环境进一步优化。借助"三年大变样"的良好契机，加大协调服务力度，外地开发企业纷纷来区洽谈项目，河北建工集团有限责任公司、河北建设投资集团有限责任公司、河北建设集团有限公司、上海一方集团等一大批在全省和全国具有影响力的大公司相继落户。

六、现代农业

（一）沧州市运河区农业补贴政策

1. 加强组织领导，强化部门配合

以 2016 年农机购置补贴工作为例，为确保该项工作顺利完成，特成立运河区 2016 年农机购置补贴工作领导小组，组长由运河区人民政府主管副区长担任。领导小组下设办公室，办公地点设在运河区农机推广总站，各相关部门进一步提高思想认识，加强组织领导，密切沟通配合，建立工作责任制，将任务和责任具体落实到岗位。加强工作指导和监督检查，加大农机购置补贴绩效管理工作力度。强化农机管理部门和财政部门内部约束机制，农机购置补贴重要工作事项须由集体研究确定。区财政部门安排必要的组织管理经费，保障农机购置补贴政策有效实施。

2. 加快农机化进程，突出补贴重点

紧紧围绕推进现代农业建设，紧密结合农业机械化发展转型升级和加快现代农业发展方式转变的要求，以稳定和提高粮食产能、促进农业生产结构优化和可持续发展为目标，将补贴资金重点用于粮棉油及饲草料等主要农作物生产关键环节所需的机具上。加大对保护性耕作、深松整地、秸秆还田等绿色增产技术所需机具的补贴力度，对于大马力、高性能、绿色环保型农机

装备予以重点补贴，加快推进主要农作物生产全程机械化。

3. 依法规范操作，照章严格管理

公平、公正地确定补贴对象，充分尊重补贴对象自主选择权。在补贴资金兑付前完成补贴机具核实，特别是对享受补贴政策的拖拉机、联合收割机以及补贴额度 1 万元以上的农业机械，要逐台核实，做到"见人、见机、见票"和"人机合影、签字确认"；对一般机具的核查方式可结合本地实际自行确定。尽量减少不必要的工作环节，提高办事效率。全面深入推进农机购置补贴管理网络化，农机管理部门、财政部门要全部使用全国农机购置补贴辅助管理软件系统。配合相关部门严厉打击窃取、倒卖、泄露补贴信息和电信诈骗等不法行为，保护农民合法权益。对购置实行牌证照管理的机械（拖拉机、联合收割机），其所有人须向运河区农机安全监理站申请办理牌证手续。依法开展补贴机具的质量调查，督促企业做好售后服务等工作。加强对基层农机购置补贴工作人员的培训和警示教育，提高基层人员素质和能力。

4. 加强信息公开，接受社会监督

切实增强做好补贴政策信息公开工作的责任感和紧迫感，坚持以公开促公正、以公开促效率、以公开促廉政，努力开创农机购置补贴工作的新局面。区农业局要通过广播、电视、报纸、网络、宣传册、明白纸、挂图等形式，积极宣传补贴政策；必须在政府网站或专业网站上设置"农机购置补贴信息公开专栏"，规范栏目设置，及时全面公开信息，确保专栏有效运行，确保信息及时准确，在信息公开专栏上及时公布农机购置补贴资金使用情况和上年度享受农机购置补贴购置者信息表，接受社会监督。区农业局要重点公开实施方案、补贴额一览表、操作程序、政策咨询和投诉电话、资金规模和使用进度、补贴受益对象、违规现象和问题等。严格执行公示制度。为简化手续、提高效率，实行购后公示制度，补贴对象购买补贴机具后，区农业局要采取多种渠道，及时将购机户所购买机型、销售价格、补贴额度、姓名住址（不涉及个人隐私部分）等信息，在全区范围内公示不得少于 7 天，接受群众和社会监督。在年度补贴工作结束后，运河区农业局要以公告的形式将所有享受补贴的补贴对象信息及落实情况在当地政府网站或农业部门网站上公布，同时要注意保护个人隐私。

5. 加强项目监管，严惩违规违纪

区农业局要会同区监察局、区财政局等部门按要求全面履行监管职责，以问题为导向，适时开展专项督导检查，强化监管，严惩违规，并主动向社会公布。高度重视举报投诉受理查处工作。建立健全相关机制，通过电话、网络、信函等有效形式受理投诉。对实名投诉举报的问题和线索，做到有报必查。区农业局要对投诉集中、"三包"服务不到位、采取不正当竞争、出厂编号及铭牌不规范、未按规定使用辅助管理软件系统、虚假宣传、降低配置、以次充好、骗补套补等线索具体的投诉进行重点调查核实。对于违反农机购置补贴政策相关规定的生产和经销企业，农机管理部门视调查情况对违规企业采取约谈告诫、限期整改等措施，并将有关情况和进一步处理建议报市农牧局。农机生产和经销企业产品补贴资格或经销补贴产品的资格被暂停、取消，所引起的纠纷和经济损失由农机生产或经销企业自行承担。

6. 做好组织服务，彰显政策效益

加强政策宣传力度，做好咨询服务工作，认真为申购者答疑解惑；努力提高工作效率，及时将补贴资金打卡到户；协调好购机供货，督促销售部门做好售后服务；加强对补贴机具的质量监督，及时了解机具质量情况和农民反映的问题，及时受理农民的投诉，协调生产企业或销售部门解决有关问题；组织好各类补贴机具的"三夏""三秋"作业，积极组织引导跨区作业，提高机具利用率。全面落实农机购置补贴政策，切实让农民受益，促进我区农机化事业蓬勃发展。

(二)特色农业生产概况

运河区四季分明，冬季冷且干燥，夏季炎热多雨，春秋冷暖适中。运河区农业生产结构已逐渐由以种植业为主的单一传统农业，转变为农林牧副渔综合发展的多元化农业与商业性农业。畜牧养殖、蔬菜种植、花卉栽培等的发展，成为运河区农业的一大亮点，也成为农民增收的一个重要途径。运河区主要特色农业有以下几点。

1. 远郊特色蔬菜

运河区瞄准城市居民的"菜篮子"，不断扩大无公害蔬菜种植，推广标准化生产，引导无环境污染的远郊村种植无公害蔬菜，充分挖掘风味独特、品质优良的本地蔬菜品种资源，逐步形成了优质、环保的区域特色。

2. 花卉

花卉是运河区的特色产业之一，近年来，运河区充分利用城乡交融这一优势，扩大花卉苗木种植面积，引导农户种植名、优、特花卉品种，提高土地产出效益。以佟家花园花卉市场为龙头，以花卉销售经纪人为纽带，带动了周边各村花卉苗木种植业发展。

3. 苗木

在林果种植上，在完成环城林建设的现时，加大四旁植树、远郊林、绿化防护林、用材林的种植力度。

4. 林果

肖庄子葡萄种植有 3000 多年的历史，以玫瑰香、早红等优良品种为主，近几年加大科技投入，引入早熟品种，并辐射周边村庄。

七、沧州市运河区经济发展中存在的问题

(一)企业科技创新能力不足

运河区主要特色产业为激光产业，与激光技术相关的首先是科学技术和科技人才，其次是教育设施。而运河区企业科技创新能力不足，因此，引进科技人才和提高科技能力迫在眉睫。

(二)房地产价格与经济发展及居民收入不匹配

经了解，沧州房地产产业近几年发展趋势良好。但随之而来的也有一些漏洞。城镇人口收入增长幅度较小，经济在不断发展，与外界的联系日益增强，沧州房地产价格大幅度增长，远超过当地居民收入水平。

(三)忽视城乡一体化

在城市化发展过程中，积极推进城市化，但是忽视农村经济的发展。城市化的发展必须和农村的现代化进程同时进行。城市化和农村现代化是城乡一体化的重要内容。在推进城市化中，一些政府进行政策倾斜，重城轻乡。由于政策倾斜城市，必然影响农村的经济社会发展，拉大城乡之间的差距，最终影响城市化的历史进程。如果这种悖论不断延续，我国的城市化必将付出惨痛的社会代价。城市化和社会主义新农村建设已经共同成为城乡一体化的助推器。为了使城市化能够科学健康稳定地发展，必须根据中国的现实，

消除城市化发展的障碍，走具有中国特色的城市化发展之路。

八、促进沧州市运河区经济进一步发展的建议

（一）逐步形成大科技发展新格局

1. 发挥财政、税收等对企业技术创新活动的扶持力度

建立小企业贷款风险补偿奖励机制，引导银行业金融机构加大对小企业信贷支持力度。省财政设立小企业贷款风险补偿奖励资金，对符合条件的银行业金融机构给予风险补偿和奖励，引导金融机构加大对小企业的信贷支持力度。

完善中小企业信用担保风险补偿和资本金注入机制，提高担保机构风险承担和融资担保能力。通过省级财政预算安排、争取中央财政专项资金支持等多种渠道，支持中小企业信用担保机构、中小企业信用再担保机构增强业务能力，扩大中小企业担保业务，改善中小企业融资环境。

建立财政扶持资金与银行信贷资金联动机制，促进中小企业自主创新和技术进步。注重运用财政贴息手段，吸引银行资金向中小企业集聚，支持实施中小企业技术创新计划、中小企业成长计划、特色产业提升计划和小企业培育计划。

完善企业上市扶持引导机制，大力推动优质中小企业上市直接融资。逐步扩大企业上市专项扶持资金规模，完善中小企业上市育成机制，加快推进企业上市直接融资。

完善创业投资引导机制，引导社会资本加大对中小企业的投入。加快省级创业投资引导基金运作步伐，不断扩大基金规模，通过阶段参股、跟进投资、融资担保等方式，引导和扶持省内外社会资本在运河区设立创业投资企业，鼓励创业投资企业优先扶持处于种子期、扩建期的科技型中小企业和中小高新技术企业。

2. 尊重企业的自主创新主体地位

企业是自主创新的主体，自主创新对企业良好的形象和信誉都有影响。市场能够自我调节，企业优胜劣汰，自主创新对保持企业的市场竞争力，扩大市场占有份额，提高产品的高质量有重大作用。所以政府要积极鼓励企业

的自主创新。

3. 加强宏观调控，充分发挥中小企业技术创新的活力

占企业总数绝大多数的中小企业是国家创新体系的重要组成部分，是一支重要的创新力量。政府要兼并破产机制，淘汰落后企业；为企业推进产业升级提供贴息贷款，降低贷款成本。这样既可以解决更多人的就业问题，也可以带动当地的经济发展和技术革新。

4. 健全生产要素按贡献参与分配的制度

(1)加强对企业工资分配的调控和指导

有关部门和各地方要结合当地经济增长、物价水平和劳动力市场供求状况及时提出工资增长的参考意见。对于国有企业经营管理者，坚决取缔其非法收入，促进共同富裕，防止工资福利的不合理发放。有关部门要加强对企业职工收入分配的监督。

(2)运用税收等多种手段加强对收入分配的调节

要完善综合与分类相结合的个人所得税制度，加强税收征管。扩大中等收入者比重。同时，要在制度上采取措施，调整国家和企业分配关系，尽快建立健全国有资本经营预算制度。要加强个人收入信息体系建设，逐步形成完整的个人税收体系。要合理确定管理者与职工的收入比例，防止管理者与职工收入过于悬殊，加强收入分配宏观调节，在经济发展的基础上，更加注重社会公平，形成国有企业经营管理者收入能上能下。

(3)加快垄断行业改革

要深化电力、电信、石油、铁路、金融等行业改革，进一步引入竞争机制，努力消除不利于发展的垄断行为；调整国家和企业的分配关系，使国家作为国有资本所有者在企业特别是垄断性企业的权益得到保障，包括国有股份应当分享的利润及其使用，通过国有资本经营预算制度加以规范，这是防止垄断行业凭借垄断地位获取高额利润并通过各种方式转化为职工个人高工资高福利的治本之策。

5. 全面提高对外开放水平和再创新能力

(1)突出抓好开放平台国际化

培育开放竞争优势，大力推进国际航空货运枢纽建设，加快推进国际陆港建设，加快整合海关特殊监管区，积极融入"一带一路"建设。

（2）突出抓好口岸通关国际化

加快推动口岸建设，积极构建大通关体系，大力发展口岸经济，扩大口岸经济规模。

（3）突出抓好经济贸易国际化

增强城市发展实力，开展精准招商，招大引强选优，推动外经贸提质增效升级，推动本土企业加快"走出去"。

（4）突出抓好服务功能国际化

增强城市发展活力，建设国际商贸名城、国际物流枢纽城市、国际化区域金融城市、国际会展名城、国际旅游目的地城市、国际文化名城，强化国际交往合作。

（5）突出抓好人才科技国际化

凝聚产业发展合力，积极引进和培育国际化人才，强化与国际科研机构的合作，加快推进自主创新示范区核心区建设。

（6）突出抓好生活配套国际化

全区上下要始终把进一步扩大开放、加快推进城市国际化放在带动经济社会发展全局的战略位置上，加强领导，强化责任，完善措施，形成合力，加大宣传，树立形象，强化支持，优化环境，确保各项任务落到实处。

（二）提高土地利用率，政府发挥好调控职能

1. 实现房贷首付和利率差别化对待

实现房贷首付和利率差别化对待。这样一来，既能保障自住，又能抑制投资，还能打击投机。

2. 建立完善的二手房市场

市场中出现的问题最好用市场的办法去解决，让房子这个商品以最大的可能性流通起来。二手房市场建立起来，大量的二手房、旧房就可以上市交易，从而增加市场上房屋的供应量，上涨过快的房价就会得到一定程度的抑制。同时，市场上房屋的空置率也会自然地降下来。

3. 减少房屋空置率

在寸土寸金的城市，购买住房而不居住是巨大的资源浪费。在一些发达国家，政府一般会采用财税政策调控住房空置率，如提高房产税的税率、征

收住房空置税等，把空置的住房逼入市场。应进行基本的空置率调查，考虑征收房屋空置税。让房地产市场健康发展，必须解决住房空置的问题。中国有必要调查城市住房空置率，这样可以打击炒房者，将这部分住房推向二手房市场或者租赁市场。在房价过高的城市，这些新增供给会起到抑制泡沫的作用，更能增加租赁市场的供应，降低房租费用。这会起到立竿见影的作用，也可以在长效机制建立前起到稳定市场的作用，既能够提供有效供给，又可以防止空置率不断上升而积累风险。

参考资料：

［1］沧州市运河区人民政府网，http：//www.czyh.gov.cn/zjyh/index.shtml，2020-05-18.

［2］沧州市运河区志编纂委员会．沧州市运河区志．北京：线装书局，2016.

［3］特色产业，沧州市运河区人民政府，http：//www.czyh.gov.cn/zjyh/jjfz/tscy/index.shtml，2020-05-18.

第四章 沧县经济发展调研报告

高永国　赵国华　张　慧　张雅琪

摘　要：沧县是大运河河北段的重要节点。本章首先从沧县的概况、特色产业、重点企业、招商引资、现代农业、美丽乡村等方面进行了介绍。其次，分析了沧县经济发展中存在的问题，包括营销型人才短缺、参与国内外市场竞争的压力加大、经济增长的内在动力不足、企业带动能力不强等。最后，针对这些问题，提出了吸引人才入沧，坚持对外开放、协同发展，坚持特色发展战略，坚持转型升级的建议。

关键词：经济概况，特色产业，重点企业，现代农业，美丽乡村

一、沧县概况

(一)沧县的历史沿革

沧县境，春秋、战国时期为燕、齐、赵三国地。秦属巨鹿郡。西汉置浮阳县(治所在今沧县东关村)，属幽州渤海郡。东汉、三国、两晋，浮阳县属冀州渤海郡。南北朝北魏太和十一年(487年)分渤海、章武二郡之地置浮阳郡，郡治浮阳，属瀛洲。熙平二年(517年)，分冀瀛二州之地置沧州。隋开皇十八年(598年)改浮阳为清地(治所未变)。唐武德五年(622年)于长芦(今沧州市区)置景州，清池属之。五代时，清池县属沧州景城郡横海军节度。北宋，清池县属河北东路沧州景城郡节度。元代，清池县属中书省河间路沧州景城郡。元仁宗延祐元年(1314年)，徙州治于长芦故县。明，沧州属北平行中书省，

后改为北平布政司。洪武二年(1369 年)徙州治于长芦镇(今沧州市区),省清池县并入沧州。清初,沧州属直隶省河间府。雍正三年(1725 年)升为直隶州。雍正九年(1731 年)改为散州,由天津府辖。民国二年(1913 年)沧州改名沧县,属直隶省渤海道。民国二十五(1936 年),沧县划属河北省第七督察区。抗日战争和解放战争时期,沧县政区几经变动,先后建立沧县、青城县、四边县、建国县、青沧交县。1947 年,沧县城解放,城区设沧市。1949 年 8 月,沧县划归河北省沧县专区。同年,沧市改为沧镇。1953 年,沧镇归沧县辖。1958 年,沧县属天津专区辖。同年 11 月,沧县和沧镇合并称沧州市。12 月,天津专区并入天津市,沧州市属天津市辖。1959 年 1 月撤销沧州市,改称沧县。1961 年 6 月,沧县属沧州地区辖。同年 7 月,沧县城关人民公社划出,设沧州市。1968 年,沧州专区改称沧州地区,仍辖沧县。1983 年 11 月,沧县属沧州市辖,直至现在。

(二)沧县经济概况

2017 年,沧县地区生产总值完成 2344789 万元,同比下降约 4.56%。其中,第一产业实现产值 187000 万元,同比下降约 1.67%,占地区生产总值的比重为 8%;第二产业实现产值 1126805 万元,同比下降约 4.01%,占地区生产总值的比重为 48%;第三产业实现产值 1030684 万元,同比下降约 2.5%,占地区生产总值的比重为 44%(图 4-1)。

图 4-1　沧县 2013—2017 年地区生产总值及年变动率

数据来源:《河北经济年鉴》

全县三次产业结构逐步优化，2017年的三次产业生产总值占地区生产总值的比重由2016年的9∶48∶43调整为8∶48∶44，第三产业比重比2016年上升1个百分点(图4-2)。

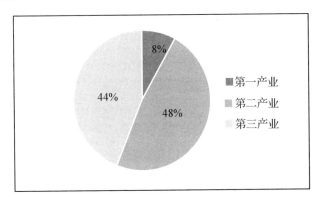

图4-2　沧县2017年第一、第二、第三产业生产总值占地区生产总值的比重

数据来源：《河北经济年鉴》

1. 农业

2017年，沧县全年粮食产量407948吨，同比下降约9.89%(图4-3)；全年棉花产量96.3吨，同比下降约66.3%；全年油料产量320.24吨，同比下降约14.4%；全年肉类总产量27813吨，同比下降约25.08%。

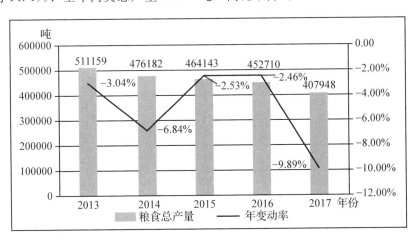

图4-3　沧县2013—2017年粮食总产量及年变动率

数据来源：《河北经济年鉴》

2. 工业

截至 2017 年年底，全县规模以上工业企业达到 201 家，实现总产值 3476923 万元，同比下降约 3.80%（图 4-4）。

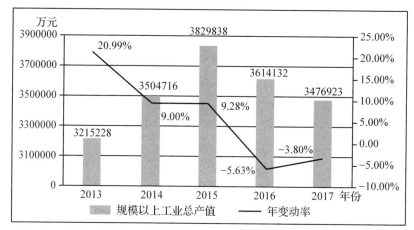

图 4-4　沧县 2013—2017 年规模以上工业总产值及年变动率

数据来源：《河北经济年鉴》

3. 全社会固定资产投资

从 2013 年，全社会固定资产投资连续五年持续增长，到 2017 年，全社会固定资产投资完成 2409620 万元，同比增长约 8.56%（图 4-5）。

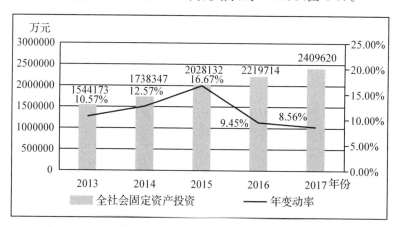

图 4-5　沧县 2013—2017 年全社会固定资产投资及年变动率

数据来源：《河北经济年鉴》

4. 社会消费品零售总额

从 2013 年起，全县社会消费品零售总额持续增长，到 2017 年，全县实现社会消费品零售总额 1147830 万元，同比增长约 8.00％（图 4-6）。

图 4-6　沧县 2013—2017 年社会消费品零售总额及年变动率

数据来源：《河北经济年鉴》

5. 财政

2017 年，全县完成财政收入 132100 万元，同比减少约 8.99％（图 4-7）。

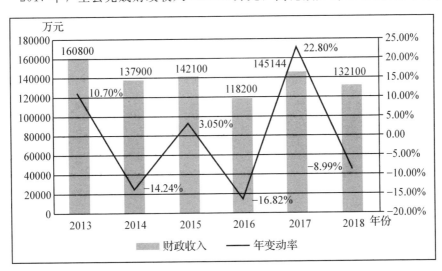

图 4-7　沧县 2013—2017 年财政收入及年变动率

数据来源：《河北经济年鉴》

6. 城乡居民收入

城乡居民收入快速增长，人民生活水平进一步提高。2017 年，城镇居民人均可支配收入连续增长，达到 31512 元；农村居民人均可支配收入 2015—2017 年保持增长，到 2017 年达到 13762 元（图 4-8）。

图 4-8　沧县 2013—2017 年城乡居民人均可支配收入

数据来源：《河北经济年鉴》

二、特色产业

(一)沧县特色产业之石油钻采装备制造业

装备制造业是沧县的传统产业，起步很早。经过多年的自我积累、滚动发展，装备制造业已形成了较好的产业基础。特别是骨干企业多为具有 20 多年历史的企业，为沧县石油钻采装备制造业打下了良好的基础，培养了一批技术、管理队伍，形成了一批初具规模的骨干企业，如渤海重工管道有限公司、河北奥兰德钢管制造有限公司等企业，年营业收入均超过亿元。沧县石油钻采装备制造业目前以管道、管件为主，此外还生产石油钻杆、套管、离心机、剪切泵等十几种产品。管件企业主要集中在仵龙堂乡、杜林乡、纸房头乡等地，产品为钢管、法兰、弯头等。近几年管件装备制造业得到迅速发展，不仅巩固了已有优势产业，而且有了长足的发展。目前，沧县的管件铸造产业具有稳固的用户和市场潜力。近年来，沧县铸造产量每年都稳定在 30

万吨左右，各企业均有较稳定的产品销售市场，特别是骨干企业与国内主要生产企业都有配套，产品行销全国 20 多个省市，市场相对比较稳定，而且新的市场正在不断拓展，并向国外延伸，部分产品已进入国际市场。无论从企业数量，还是年增加值、税收、促进就业等方面均实现了大幅增长。

(二)沧县特色产业之包装产业

改革开放以来，沧县包装产业取得较快发展，在生产技术、生产规模、设备更新、管理水平上均有一定程度的提高，基本形成了新产品设计、模具研发、生产工艺改进、设备维修等一系列完整的技术支撑体系。

全县各类包装企业主导产品是药用包装制品、纸箱及商标印刷等。药用包装主要集中在杜生镇及周边地区，纸箱包装主要集中在仵龙堂乡东卷子村和崔尔庄镇的部分村，商标印刷主要集中在薛官屯乡。杜生镇作为医药包装行业的集中地，已成为全国最大的北方医药包装材料生产基地之一。

全县包装行业的规模以上企业有沧州四星玻璃股份有限公司、沧州市世纪恒塑胶有限公司、沧县康复药用包装材料厂等。沧州四星玻璃股份有限公司研制成功全电熔维洛法制中性硼硅玻璃技术，该技术为全球首创，解决了熔化难、澄清难、成型控制难和配方难这四大世界性难题。该技术没有废气、废水、废渣的排放；能源利用率达到 90%，是节能环保、环境友好技术。该项技术生产的产品填补了国内空白，已获得了多项专利，使其成为国内唯一一家能够生产 5.0 药用中性硼硅玻璃的生产企业。康复药用包装材料厂、阳光伟业塑料包装有限公司等塑料行业的龙头企业，拥有国际先进水平的滴眼剂用塑料瓶全自动生产线，国内先进水平的液体药用塑料瓶全自动生产线、固体药用塑料瓶全自动生产线。

(三)沧县特色产业之化工产业

沧县化工产业产品以农药、兽药、染料及染料中间体、医药及医药中间体等为主。

(四)沧县特色产业之线路板产业

线路板产业是沧县的特色产业，起始于 1985 年，主要分布在薛官屯乡。

该产业主导产品是印刷板(单面板、双面板、多层板、埋盲孔多层板),被广泛应用于航空航天、国防军工、核电工控、卫星通信等高科技领域。企业中涌现出沧州市德普印制电路有限公司、沧州市伟业电子制板有限公司、沧州市福林印制电路板有限公司等骨干龙头企业,沧县已成为中国北方最大的线路板生产基地之一。

(五)沧县特色产业之食品产业

食品产业是沧县的传统支柱产业之一。1996 年,沧县被评为河北省食品工业大县;1997—1999 年,被评为河北省食品工业强县,2000—2006 年,连续被评为全国食品工业强县;2011 年,被评为全国食品工业强县。产品有面粉加工、食用油、调味品、肉食及小枣加工等多个门类,拥有好想你枣业有限公司、河北欧亚匡食品集团有限公司、全鑫食品有限公司等一批龙头企业和"沛然""岭峰""朝升"等多个省级品牌,形成了门类齐全、品种丰富、产品质量优良的食品产业体系。丰富的农产品资源为沧县食品工业的发展提供了有力保障,好想你枣业有限公司等企业很快上升到一个新台阶,尤其是小枣产业的健康发展,逐步使食品产业走向规范化、规模化和现代化的发展轨道。

(六)沧县特色产业之汽车配件产业

汽车配件业是沧县的特色产业,始于 1974 年。1974 年,沧县的李天木乡皂坡村诞生了第一家汽车配件企业,后来随着时间的推移,在市场经济的带动下,沧县汽车配件业发展迅猛。目前,沧县皂坡村已经成为沧县汽车配件业的生产基地,另外杜林、褚村、纸房头、张官屯、捷地等乡镇的汽车配件业也得到发展,汽车配件业成为沧县颇具特色和竞争力的产业之一。其主导产品为汽车冲压件、标准件和助力器等,产品销往全国各地,并出口韩国、俄罗斯等国家。

三、重点企业

沧州全鑫食品有限公司

沧州全鑫食品有限公司成立于 1997 年 8 月,是一家集红枣种植加工、经营销售、产品研发为一体的枣产品综合性企业。公司实行"公司＋基地＋农户"的运行模式，建有绿色园区 1 万亩，带动广大农民增产、增收。

公司质量管理体系健全。2004 年，公司被国家商务部批准为自营进出口企业；2005 年，通过 ISO 9001 国际质量管理体系认证；2006 年，获得国家工业产品生产许可证（QS 认证）；2008 年，6 个产品系列通过了国家绿色食品认证。公司拥有国内蜜饯行业最先进的生产设备，生产过程全部采用真空低温渗糖工艺，为实现公司规模化、产业化大跨步发展奠定坚实的基础。

公司注册商标为"绿晶"和"好牌"，这两个商标均为河北省著名商标。公司主要枣类产品有金丝小枣、阿胶蜜枣、水晶蜜枣、香蜜酸枣、脆冬枣、滩枣、贡枣等近百种。公司的品牌综合竞争力不断提升，市场占有率不断扩大，产品已覆盖全国 100 多个地级市的 1000 多家卖场，已成为沃尔玛、家乐福、乐购、大润发、华润超市等多家国内外连锁超市的优质供应商，同时出口到美国、韩国、澳大利亚、泰国、马来西亚等国家。

公司曾获得"中国国际食品博览会金奖""河北省星火计划项目单位""河北省农产品深加工中型企业""河北省消费者信得过单位""质量·服务消费者满意诚信承诺单位""第一届国际枣属植物研讨会优秀奖"等荣誉称号，连续多年被沧州市政府命名为"农业产业化市级重点龙头企业"，2012 年获得"农业产业化省重点龙头企业"的荣誉称号。

河北沛然世纪生物食品有限公司

河北沛然世纪生物食品有限公司成立于 2001 年，是一家以沧州当地红枣资源工业深加工为主，兼营山楂、枸杞、草莓、胡萝卜、南瓜、黄瓜及洋葱等工业深加工产品的农业产业化企业。公司连续十年被评为"河北省农业产业化重点龙头企业"，先后荣获"国家星火计划项目企业"、"全国食品工业优秀龙头企业"、河北省和沧州市"科技进步一等奖"，产品被评为"河北省名牌产品""河北省优质产品"，是我省同时获得两项殊荣的枣产品企业之一。目前，公司为世界较大的红枣浓缩汁生产基地，亚洲较完整的食品工业中间体生产基地。客户遍及伊利、蒙牛、三元、光明、维维、新希望、君乐宝、雀巢、德乐、今麦郎等国内外奶业集团和红枣汁、红枣粉有关的食品公司。

沧州大渡口制动管有限公司

沧州大渡口制动管有限公司是一家专业生产液压胶管总成、无缝钢管总成、制动软管总成及接头体的专业厂家。公司位于沧县纸房头工业聚集区内。其产品被广泛用于煤炭、船舶、汽车、工程机械、农业机械等。公司生产的无缝钢管总成以欧洲标准为生产的基本标准。在此基础上，再配合公司独特的管内壁处理工艺，其显著特点是高精度、高光洁度，管内壁清洁能在各种环境下使用，承受高压、超高压无泄漏。公司有大型镀锌生产线和喷涂生产线，并有先进的三维弯管和自动焊机、超声波清洗机，多年来其产品受到用户一致好评。

沧州瑞丰汽车配件有限公司

沧州瑞丰汽车配件有限公司位于杜林乡东街，建于 2004 年，是以锻造、金属加工为系列的具有综合实力的股份制企业。公司具有强大的技术人员平台。企业设备精良、齐全，锻造厂具有摩擦压力机、油压机、空气锤以及大吨位冲床，可生产各种类型锻件、自由锻件和冲压件；金属加工厂拥有数控机床、车床、铣床、刨床、磨床、外圆磨床、立钻、摇臂钻床、立式拉床、台式拉床、端面齿专用拉床等，可生产各种高精密产品。

公司在 2006 年先后通过了 ISO 9001 国际质量认证及 TS 16949 国际汽车质量标准认证。公司主要生产钢板销、坚固板、吊耳等汽车配件，主要配套厂家有济南重汽集团。

沧州市福林印制电路板有限公司

沧州市福林印制电路板有限公司，成立于 1993 年，是一家专业生产、加工单双面、多层印刷电路板的厂家。公司拥有全套生产化学镍金、喷纯锡印制板等的设备及检测仪器，产品通过 ISO 9001 国际质量体系认证，并获得国家电子工业部颁发的"一等品"，即"中国电子行业知名品牌"。产品远销北京、天津、济南、哈尔滨、珠海等 10 多个城市，并出口美国、德国等国家和地区。

沧州渤海重工管道有限公司

沧州渤海重工管道有限公司是专业生产合金钢、碳钢及不锈钢高中压管件及管道工厂化配管的厂家，是目前国内大型管件生产企业之一。公司集科研开发、设计制造、生产加工于一体，专业为电厂、核电站、锅炉厂提供高压管道、管材、管件和配管，尤以成套供应为主。公司参与完成了秦山核电站、岭澳核电站及西安核反应堆的建设。西气东输、川气东送、春晓气田、陕京天然气、中亚线、川鲁线等主干线管道工程的管件都是由该公司生产完成的。

公司拥有现代化的基础设施和国内外一流的强势装备，拥有 200 多台大型专业设备和被国家质检总局授予的 CMA 资质的理化检测中心，拥有来自全国十几个省市的专家、教授。其产品除国内市场外，还远销世界各地。

沧州信昌化工股份有限公司

沧州信昌化工股份有限公司是专业生产各种石化助剂产品的企业。公司前身是成立于 1995 年的沧州炼油厂石化物资供销公司助剂厂，后更名为沧炼信昌化工有限公司，是中国石油化工总公司沧州分公司的三产单位。2004 年 11 月份，公司响应中石化主辅业分离号召，由当时石化物资供销公司经理带领 22 名职工改制分流，成立了沧州信昌化工股份有限公司。

公司现已拥有无硅消泡剂、中和缓蚀剂、氯转移剂等产品在内的塑料助剂、油田助剂、炼油助剂 3 个系列的 20 多个品种，无硅消泡剂、缓蚀剂、油品降凝剂等部分产品已获得省部级科技成果鉴定和验收。公司成为华北地区最大的，集新产品开发研究、中小型工业实验和批量生产功能为一体的现代化综合性石化助剂生产基地。

河北冀春化工有限公司

河北冀春化工有限公司是河北冀春集团旗下的能源化工企业，2006 年 5 月成立，位于河北沧东经济开发区。现为国家高新技术企业、河北省企业技术中心、省市重点新能源企业，多次荣获"河北省 AAA 级劳动关系和谐企业""河北省诚信守法示范企业"等称号。公司是华北地区大型二甲醚生产企业之一。

沧州四星玻璃股份有限公司

沧州四星玻璃股份有限公司是国家食品药品监督管理总局批准的，专业生产药用管制玻璃瓶系列产品及一级耐水 5.0 药用中性硼硅玻璃管的企业。

公司位于河北省沧县纸房头工业园区，下辖沧州四星光热玻璃有限公司。主要生产管制口服液瓶、抗生素瓶、螺纹口瓶、安瓿瓶等系列产品及各种规格型号的中性硼硅玻璃管和瓶。

公司产品均在国家药监局注册，已达到国家法定标准。其产品获得了"河北省中小企业名牌产品"称号及中国医药包装协会颁发的"医药包装新产品、新技术一等奖"等荣誉。产品现已出口墨西哥、韩国、印度、俄罗斯等国家。

公司 2009 年获得国家科技部创新基金的支持；2010 年，通过 ISO 9001 质量管理体系认证；2011 年，获得国家发改委和财政部的风险投资资金的支持，成为拥有国家股份的股份制企业，同时被列入"十二五"规划战略性新兴产业重点扶持项目；2013 年 12 月，"一级耐水 5.0 药用中性硼硅玻璃管"获得了河北省人民政府的"技术发明奖"二等奖；2014 年，公司通过了高新技术企业复审，产业项目被列入"国家重点新产品计划立项项目"；同年，又获得"中国医药包装协会优秀会员""中国制药行业包材类品牌服务商"等荣誉。

公司现为"河北省高新技术企业""河北省科技型中小企业""科技创新企业""河北省产业集群龙头企业""河北省产品质量达标放心企业""河北省军民融合产学研用创建基地""河北省企业技术中心"。

沧州市世纪恒塑胶有限公司

沧州市世纪恒塑胶有限公司始建于 1996 年，是北方地区最大的国家定点塑料中空包装制品生产企业之一。公司现设有沧州市世纪恒塑胶科技有限公司、沧州市世纪恒塑胶无锡有限公司、沧州市世纪恒塑胶（莱西）有限公司和天津销售中心。

沧州富华铸业有限公司

沧州富华铸业有限公司拥有富华铸铁公司与富华精铸公司。公司可生产各种球墨铸铁件、灰铸铁件、阀门配件、铁路配件、食品机械、医药机械等，公司具备一定加工能力，拥有数控车床、铣床、平面磨床、转床等几十余台（套）加工设备。

公司主导产品有建筑用铸件、中重型车汽车离合器铸件、汽车变速箱配件、汽车排气支管、铁路配件、灯杆、喷泉、公园椅等园艺铸件，其产品为中国第一汽车集团有限公司、北京现代汽车有限公司、北奔重型汽车集团有限公司配套，并出口俄罗斯、英国、美国、日本、西班牙、澳大利亚、新加坡等国家。

河北迪诺石油装备制造有限公司

河北迪诺石油装备制造有限公司坐落于河北省沧州市南外环 104 国道 241 千米处，始建于 2009 年 8 月。

公司主要从事石油防砂筛管，石油套管制作及钣金加工的专业机械加工生产公司。目前，公司防沙筛管系列主打产品有激光割缝筛管、钻孔防沙管、高密冲锋管、割缝筛管、绕丝筛管和桥型筛管。其他主打产品主要包括各种材质及规格类 API 油管和石油套管等。公司产品已销往辽河、新疆、大庆、青海、胜利、中原、华北等油田以及出口到阿联酋、伊拉克及其他中东国家。

沧州德圣汽车配件有限公司

沧州德圣汽车配件有限公司位于沧州市以西的杜林镇。东邻京沪铁路、104 国道，紧靠京台高速公路，南靠 307 国道、石黄高速公路。地理位置优越，交通便利。

公司以开拓、进取、拼搏、创新为宗旨，在市场竞争的激流中稳步发展。发挥人才的主动力，利用严密的管理体系，调动一切积极因素，瞄准市场，开发新产品 10 余个系列，200 余个品种。其主要产品有：离合器踏板吊挂、离合器分离叉、钢板弹簧吊耳总成、备胎紧固器、后桥桥壳、后桥堵盖、减震器轴、钢板弹簧销等。公司严把质量关，为开拓市场打下基础。用户至上、信誉第一、优质服务是公司的承诺，多年来，公司产品为多家汽车制造厂配套。

公司在不断发展的同时，曾荣获河北省工商局授予"河北省重合同守信用单位"，被县委县政府授予"文明单位"，被县经济环境保护委员会授予"重点保护企业"，被银行授予"AA 信用单位"。公司还通过了 ISO 9001 质量管理体系认证。

沧州华聚食品有限公司

沧州华聚食品有限公司位于"中国金丝小枣之乡"沧县高川乡孙小庄。主要加工生产阿胶枣、水晶蜜枣、红无核蜜枣、青无核蜜枣、沧州金丝小枣、天然无核金丝枣、鸡心枣、免洗枣等枣制品，其产品包装有颗粒包装（华聚牌、沧红牌、喜字等多种小包规格）、真空包装并配有冷藏保鲜。公司自 1980 年创立以来，始终坚持绿色、环保、无公害，以人为本、至诚至精、科技为先、引领时尚的原则。

沧州市东风印刷线路板有限公司

沧州市东风印刷线路板有限公司系中国印刷电路板行业协会会员单位。公司坐落于"北方电路板生产基地"的东部，与京沪铁路、京福高速、104 国道相邻，交通便捷。

沧州市东风印制线路板有限公司建于 1993 年。公司的生产设备、检测设备均达到国内先进水平，可批量生产孔径 0.4 mm、线间距 0.15 mm、线宽 0.15 mm、高精度、高密度、高可靠性的单双面印制板，并符合国家标准，生产技术服务方面严格执行 ISO 9001 质量体系标准要求。公司以高新科技为先导，重视现代企业管理，注重专业人才，视产品质量为企业生命。公司为"重合同守信用"企业、省科技型企业。

沧州华通机箱面板有限公司

沧州华通机箱面板有限公司是一家私营科技型企业，是集薄膜面板、薄膜开关、标牌面板、电致发光(Electro Luminescence，EL)背光源触摸屏制造为一体的专业制造商。

公司拥有现代化的生产厂房，引进了具有先进水平的生产设备、检测设备、制造技术及工艺，建立了科学有效的质量保证体系，并积极学习贯彻 ISO 9001 质量管理体系文件，使之能更好地为生产运作服务。公司产品广泛应用于航天、航空、国防、工业控制、通信等各个领域，产品销往全国十几个省市，得到了用户的一致好评。

沧州大元电子有限公司

沧州大元电子有限公司成立于 2004 年，是一家致力于薄膜开关、触摸屏设计研发与生产的高新技术企业。

公司成立以来，极力打造一流的设计人员及研发人员，以满足各种类型薄膜开关的设计需要；生产线的员工具有多年操作经验，产品被广泛应用于家用电器、医疗设备、仪器仪表、机床控制、通信设备、航天工业、军工产品等领域，并获得了广大客户的一致信赖与好评。公司在生产技术管理和服务方面，严格执行 ISO 9002 质量管理体系标准。高素质的管理及专业人才团队，先进的生产设备、检测设备、生产技术及工艺，灵活高效的管理机制，良好的信誉和优异的产品质量，使公司获得了迅猛发展。

公司始终坚持"以市场为导向，以客户中心"的服务理念，加强自身专业知识，保持清晰的市场意识，以稳健的姿态面对客户。

沧州枣园食品有限公司

沧州枣园食品有限公司成立于 1999 年，是集红枣系列产品深加工和绿色有机红枣种植、冷库保鲜、专卖、营销于一体的综合企业。

公司以天津食品研究所有限公司、河北农业大学等科研单位为依托，生产科技含量高，深加工枣产品有两个品牌，分为九大系列，涵盖100多个品种，产品销往全国39个大中城市。2001年，公司进入华联、华润苏果、沃尔玛、家乐福等零售超市、大卖场。

河北沧州美枣王食品有限公司

河北沧州美枣王食品有限公司（原沧州枣想你食品有限公司）系沧州地区枣制品研究开发及生产的食品深加工型企业，位于沧县高川乡闫辛庄。公司设有新品研发部、品控部，为公司的可持续发展提供了有力保障。

公司和农户签订了3700亩的红枣无公害基地，带动约3000户农民增产、增收。其主导产品有"美枣王""德馨枣康园"两大系列，主要有新疆灰枣、和田大枣、新疆鸡心枣、阿胶枣、金丝小枣、无核金丝小枣、大红枣、葡萄干、核桃等。

沧县恒鑫果品有限公司

沧县恒鑫果品有限公司成立于2006年，系有限责任公司。公司位于金丝小枣产区沧县大官厅乡，北临沧保公路，东临廊泊路，交通便利，地理位置优越。公司主营水晶蜜枣、红无核蜜枣、阿胶枣、香酸蜜枣制造，红枣、新疆大红枣加工和销售。公司先后与江苏省、浙江省、江西省、福建省、湖南省、广东省、湖北省等的近110家客户建立了良好的合作关系。公司始终以消费者需求为导向，坚持精致的品质、齐全的品种、多样的口味、适中的价格、热情的服务，不断适应市场的变化，其产品深受广大消费者青睐。

河北志成阀门有限公司

河北志成阀门有限公司坐落于沧县大官厅乡茶棚村，拥有现代化生产厂房。公司具有最新节能环保型的硅溶胶熔模铸造生产流水线和先进的计算机数控（Computer Numberical Control，CNC）机床加工设备，提供产品图纸设计、模具制作、精密铸造毛坯、数控加工的一条龙服务，并拥有行业内先进的检测设备，以确保产品的质量。

公司主要生产不锈钢球阀、筒形止回阀、管件、快速接头、各种较大型阀门，以及客户所需的各种零配件。公司产品出口日本、韩国、美国等国家和地区，受到国内外用户一致好评。

沧州富强五金水暖件有限公司

沧州富强五金水暖件有限公司成立于1979年，专业生产各种出口碳钢管件、不锈钢管件。拥有先进的生产工艺和检测设备，为专业生产管件的领先企业。公司自成立以来，不断改善管理体系，提高产品质量，扩大生产规模，迎来了国内外客商，并与其友好合作。产品远销至欧洲、东南亚、非洲、北美洲、南美洲等地区。

公司以"优质的产品、合理的价格、良好的服务"取得客户的信任并将这种理念贯彻到底。公司自2004年连续多年被评为纳税先进单位，2005年被授予信誉优良企业，2010年被评为诚信企业。公司坚持以先进的管理和勇于创新的理念作为企业的核心动力，为客商提供优质、实用、可靠的管件产品。

沧州东盛塑料有限公司

沧州东盛塑料有限公司坐落于沧州西大官厅工业区，地处石黄高速、京沪高速交会处，南邻307国道，西靠廊泊路，地理位置优越，交通便利。公司拥有完整、科学的质量管理体系，精益求精，强化全过程管理，以高品质和全方位的服务赢得了众多的用户。

公司成立于1988年，经过多年的发展，公司已经由当初的小作坊发展成为今天初具规模、实力雄厚的专业塑料食品包装企业，在众多的塑料食品包装同行中异军突起，受到了广大用户的青睐。公司拥有一支精锐的产品设计及技术研发队伍，通过自主创新，在食品用塑料包装的品质、造型、性能上获得了重大突破，产品广泛应用于食品、饮料领域，是华北地区规模最大、取得质量标准(Quality Standard，QS)认证最早的食品级塑料包装生产企业之一。公司被国内多家知名企业指定为塑料包装制品主要供货单位。

沧州市恒昌钢管制造有限公司

沧州市恒昌钢管制造有限公司是专业生产与经营大口径无缝钢管的企业，地处京津交汇处，地理位置优越，交通十分便利。

公司凭借雄厚的资金和政府大力的支持，以先进的生产设备，一流的生产工艺，齐全的检测设备，先后投产了热扩无缝钢管生产线和热轧无缝钢管生产线。所有产品均符合国家标准，并通过了国际认可的生产许可认证、ISO 9001质量管理体系认证等。公司工艺设备先进，检测手段齐全，拥有先进的检测设备：X射线探伤、超声波探伤、静水压试验机、拉伸试验机、金相分析仪等，拥有理化实验室和完整的检验系统，从而保证了产品的生产和检验符合标准要求。

河北大东管道防腐保温工程有限公司

河北大东管道防腐保温工程有限公司成立于 2006 年 9 月，是生产保温管道、保温管件、2PE/3PE/熔融结合环氧(FBE)防腐、聚乙烯外护管以及热力管道设计施工的专业型企业。河北大东管道防腐保温工程有限公司是国家电力、石油、石化物资定向采购单位之一，主要承接热力公司、集中供热、水电建设、石油化工行业所需的各种保温防腐管道及管道配件。

公司坚持"客户服务零距离，产品质量零缺陷"的生产和服务理念，培养了一大批专业技术人员，壮大了公司技术实力。公司产品质量均超过国内同类产品的水平，并得到用户的一致好评和认可，在国内外享有盛誉。

沧州好想你枣业有限公司

沧州好想你枣业有限公司成立于 2007 年 3 月，是好想你枣业股份有限公司投资建设的子公司，坐落于沧县崔尔庄镇红枣工业园区 1 号。目前，公司主要经营精品红枣、蜜饯系列、红枣果干和脆冬枣 4 个系列 20 多种产品，融入了中华悠久的枣文化底蕴，结合了公司的发展理念，使每一个品种单品都具有独特的外观。

公司曾荣获"全国农产品深加工业示范企业""河北省农业产业化重点经营龙头企业""河北省农业林业产业化重点龙头企业""诚信企业""文明单位"及"沧州市农业产业化重点龙头企业""沧州市首批市级科普示范基地""纳税先进企业""工资协商先进单位""和谐企业""沧州市 A 级纳税信用单位"等荣誉，在政府及各部门的支持下，公司 2015 年全力搞生产，做经营，调整生产结构，加大生产与销售力度，荣获"一县一品""河北省名牌产品企业"等荣誉称号，被沧县县委、县政府授予"纳税功臣"荣誉称号，颁发 2015 年度"经济社会发展特别奖"，为当地红枣产业的发展做出了突出的贡献，促进了红枣产业飞跃式发展。

好想你红枣以"科技创新、开发新产品、追求持续发展、满足客户需求"为方针，为客户提供优良的产品质量和服务；以"安全、卫生、营养、口感"为产品理念，打造食品行业的良心工程。

河北大正饲料科技有限公司

河北大正饲料科技有限公司，是一家专业生产饲料级氯化胆碱的生产型企业。公司成立于 1998 年，从创建伊始就专注于畜牧行业，通过多年发展，公司成为中国最大的氯化胆碱生产商之一。

河北大正饲料科技有限公司于 2004 年通过 ISO 9001 质量管理体系和欧盟饲料添加剂和预混合饲料质量体系（FAMI-QS）的认证，同时被国家技术监督局授予适于采用国际标准产品证书，获得"农业部全面质量管理达标企业"的称号。公司自有品牌"万灵"牌氯化胆碱获得河北省名牌产品，产品省内驰名，畅销全国 29 个省区市并出口到韩国、越南、马来西亚、阿根廷等全球 20 多个国家。

河北德威钢管有限公司

河北德威钢管有限公司位于河北省沧州市沧县姚官屯乡东花园村，紧邻104 国道，距中心城区 6 千米，距黄骅港 90 千米，距天津港 150 千米，地理位置优越，交通便利。公司专业生产有特殊要求的石油天然气螺旋钢管、API 钢管等。公司已通过质量管理体系认证、环境管理体系认证和职业健康安全管理体系认证。

沧州市姜华电路板有限公司

沧州市姜华电路板有限公司是一家民营股份制企业，是生产高精度、高密度，高可靠性单、双面印制板的企业，地点位于京沪铁路、104 国道东 0.5 千米处，姚官屯飞机场东侧，交通十分方便。自 1989 年成立来，公司始终以高质量产品，以科学质量保证体系，为客户提供价格合理、服务周到、质量可靠的产品。

公司在 2001 年已取得中国质量认证中心"产品、安全认证"证书，并于2003 年再次通过 ISO 9001 质量管理体系认证、环境管理体系认证和职业健康管理体系认证。公司具有现代化的厂房，国内一流的先进生产设备，其产品被广泛应用于航空航天、通信产品、消防产品、电力仪表、工控及电子仪器仪表等。

河北欧亚匡食品集团有限公司

河北欧亚匡食品集团有限公司成立于 2004 年，位于"一代文宗纪晓岚故里""中国金丝小枣之乡"——沧县崔尔庄镇，是一家主营果汁及果汁饮料、固体饮料、果蔬粉、红枣制品、糖果、含片的现代化企业集团。集团下设河北欧亚匡生物食品有限公司、沧州纪晓岚文化开发有限公司、沧州稳达供物流有限公司、河北海石电子商务有限公司等多家子公司。

公司自成立以来，一直保持着健康快速的发展。公司依托河北农业大学，研发并投产多项科研成果。公司在红枣中心产区建立起标准化绿色红枣生产基地，保障了产品原料的优良品质，基地带动农户近 7000 户，销售服务网络遍布全国，构建了一个全国性的红枣产业化经营体系。

公司秉承"诚信为本、质量取胜"的经营理念，依靠先进的生产设备和科学的管理经验，连续被评为"全国农产品加工业示范企业""河北省重点龙头企业""河北省农业产业化经营重点龙头企业""河北省林果产业重点龙头企业""河北省农业综合开发产业化经营项目""河北省消费者信得过单位""河北省中小企业名牌产品""河北省诚信企业""沧州市农业产业化重点龙头企业""沧州市重合同守信用单位"。公司已通过 ISO 9001 质量管理体系认证、生产质量安全 QS 认证，其产品已被中国绿色食品认证中心认证为绿色食品。2010 年、2013 年，集团所属"欧亚匡"商标，分别被河北省工商局、河北省质检局命名为"河北省著名商标"和"河北省名牌产品"荣誉称号。

公司现拥有多条先进的水果干制品、蜜饯、果蔬粉、饮料、固体饮料、糖果、含片等的加工生产线。"欧亚匡"系列健康食品；"纪昀草堂"纯果汁、固体饮料、中浓度果汁饮料、果蔬粉；"克诺斯"系列糖果、含片；"九龄枣树"系列高端枣制品；"御封"免洗枣、蜜饯，已在全国同类产品市场处于同行业领先地位，果汁、糖果、含片已出口到多个国家和地区。

河北奥蓝德钢管制造有限公司

河北奥蓝德钢管制造有限公司是全国最大的厚壁大口径双面埋弧焊钢管生产厂家之一。公司坐落于沧县纸房头工业园区，其产品广泛适用于各类油气输送管线及建筑钢结构，包括石油管道、天然气、城市管网、矿山水煤管线、矿山煤浆管线、高压输电线路及风电、桥梁、高速铁路的钢结构建筑等。

另外，公司下设沧州奥鑫管道装备有限公司，专门从事国际贸易进出口，主要产品有埋弧直缝钢管、无缝钢管、螺旋钢管、防腐保温钢管等配套管件以及管道设备。

公司坚持以质量为本，从原料采购、板材检测、加工生产到成品入库，严格按照相应标准执行。2011 年，公司取得美国石油协会颁发的 API 5L 证书。同年，公司被中国农业银行河北分行授予"AAA 级信用企业"、被河北省工商局授予"2011 年沧州市重合同守信用企业"。

沧县华兴塑料制品有限公司

沧县华兴塑料制品有限公司位于沧县兴济镇。公司成立于1999年，技术力量雄厚，生产工艺先进，产品质量稳定，产品性能优异，是沧州市规模较大的塑料片材生产企业。

本公司引进了先进的PET、PP、PS生产线，专业生产PET、PP、PS吸塑片材产品。可生产规格尺寸为厚度 $0.08 \sim 1.22mm$，宽度 $\leqslant 800mm$，并可根据客户的要求进行加工定做，产品符合国家标准。

本公司专业生产聚氯乙烯（Polyvinyl Chloride，PVC）半硬片、超强度透明片、彩色片、实色片、镀金片、镀银片、瓷白片、磨砂片、压花片、抗静电等各种塑料片材，并可根据客户的要求进行加工定做，产品符合国家标准。

公司产品质量优良，讲求信誉，交货快捷，深得客户信赖。其客户遍及全国各地，得到各知名度极高的大型企业的认同。并远销到欧洲、南美洲等地区。

公司坚持高起点、高投入、高品质的开发战略，做出高质量的新产品。凭着多年累积的经验，公司可以按照客户的不同要求，设计和生产各种厚薄、大小、宽窄等不同的片材。

河北贝尔木业有限公司

河北贝尔木业有限公司，属河北贝尔集团有限公司旗下的一家子公司。河北贝尔集团有限公司是以木业进出口及加工为核心，同时兼营地产开发、境外投资、进出口贸易于一体的大型现代化民营股份制企业。

河北贝尔木业有限公司于2015年在河北省沧州市沧东经济开发区建立河北贝尔工业园。园区以俄罗斯进口天然松木做原料，采用德国先进的生产设备和全自动化生产线。其主要产品包括指接板、窗料、各种集成材、防腐材、家具等。

公司产品以出口为主，实现"两头在外（原料进口、产品出口）"的国际化经营模式。公司在低碳环保作业的同时，解决当地1000多人的就业问题，有效带动当地物流、批发零售等相关行业发展，为促进当地新型绿色节能产业和区域经济发展，奠定了坚实基础。

满洲里盛泰进出口有限公司和俄罗斯伊维公司，都属于河北贝尔集团有限公司的旗下公司。其中，伊维公司位于俄罗斯伊尔库茨克州，拥有50万公顷的森林经营采伐权，年采伐量 50 万立方米。河北贝尔木业有限公司的贝尔工业园，从业深加工的原材料全部来源于此。每年进口原木和板材约 120 万立方米，经"东亚之窗"内蒙古满洲里的盛泰进出口有限公司运作，将进口原材运至河北省沧州市。

沧州华雨灌溉装备制造有限公司

沧州华雨灌溉装备制造有限公司成立于 1997 年，是中国水利企业灌排协会的副理事长单位。公司集科研、生产、经营于一体，旨在研制开发和推广适用、先进、成套的节水灌溉装备，是中国大型喷灌装备的主要生产厂家之一。2013 年，重组后的华雨灌溉装备制造有限公司管理更加规范，焕发出新的生机和活力。公司拥有专业的技术人才，高素质的员工队伍，有很强的技术研发能力。公司已通过了 ISO 9001 质量管理体系认证。

经过 20 多年的发展，公司已具备了完善的产品研发、生产、经销、服务体系和能力。近年来，公司完成国家级、省级 3 项科研项目："九五"国家科技攻关计划项目"DPP 系列电动平移式喷灌机"、河北省科技攻关计划项目"GYP 滚移式喷灌机"、国家科学技术部科技型中小企业创新基金项目"平移式喷灌机产品化"，并获得国家机械工业联合会"'九五'科技工业优秀科技成果奖"和"河北省科技名牌产品奖"。

公司培养了一支素质较高的专业技术队伍和职工队伍，具备适应当前生产量需要的生产设施、设备，为中国节水农业的发展做出重要贡献。

公司产品销往内蒙古、辽宁、黑龙江、吉林、河北、陕西、甘肃、宁夏、新疆、广东、安徽等省区，并出口到南非、蒙古国等国家，受到国内外用户的一致好评。

沧州永康医药用品有限公司

沧州永康医药用品有限公司成立于 2004 年。公司建有标准化的十万级净化厂房，配套办公、检验、仓储设施一应俱全。公司拥有优秀的研发及检验团队，其产品包括"早早孕检测试纸"及血液化验类器械，产品行销全国各地，多年来赢得了良好的市场声誉。

一直以来，公司秉承"勤诚立业，精新致远"的核心理念和宗旨，在全体永康人的共同努力下，励精图治、锐意进取。2006 年，公司部分产品先后通过了 ISO 9001、ISO 13485 质量管理体系认证和欧盟 CE 认证，并严格按照体系要求对产品全过程进行规范管理。2013 年，公司通过新的《医疗器械生产质量管理规范》，为进一步强化企业规范化管理提供了强有力的保障。

沧州星辰玻璃制品有限公司

沧州星辰玻璃制品有限公司是国家食品药品监督管理总局批准，以生产药用玻璃瓶为主的企业。公司始建于 1992 年，是河北省药用玻璃包装大型生产企业之一，主要生产钠钙、低硼硅、中性玻璃 3 种材质的管制口服液瓶、管制抗生素瓶及其他各种规格的系列药用玻璃瓶。公司已通过 ISO 9001 质量管理体系认证。

公司具备生产各种管制瓶的研制、开发能力。其产品销往国内各省区市及出口欧亚等国家。公司被评为"沧州市十大诚信企业""河北省诚信企业""河北省产业集群龙头企业""河北省科技型中小企业"。

沧县康复药用包装材料厂

沧县康复药用包装材料厂坐落于沧县杜生镇孙会头村，是一家专业生产药用包装材料的企业，自成立以来始终坚持"质量第一，用户至上"的经营理念，以科学技术为先导，以造福人类、服务社会为己任，提高企业的整体水平。1992 年，公司成为首批通过国家医药监督管理局验收合格的企业之一，自 2001 年又先后通过国家食品药品监督管理总局验收，取得了塑料滴眼剂瓶、口服液体药用聚酯瓶、固体药用塑料瓶、妇科冲洗器的注册证。特别是公司生产的三件套内防盗滴眼剂塑料瓶已获得国家专利。近年来，公司又开发引进了世界先进的 PET 注吹一次成型生产设备，生产各种规格 PET 滴眼剂、洗眼护理液瓶。同时还开发了 20g 固体防盗瓶，其样式新颖、密封性好，瓶盖内装有干燥剂。

四、招商引资

(一)沧东经济开发区

沧东经济开发区位于沧州市区以东 15 千米，北依 307 国道，南靠石黄高速，东至沧县与黄骅交界线，西距京济高速公路 2 千米，2011 年 7 月经河北省人民政府批准，正式升级为省级经济开发区。沧东经济开发区地处环渤海经济圈和京津冀都市圈结合部，东距黄骅港 60 千米，处于 307 国道沧港工业走廊的节点，是沧州黄骅港带动腹地的最佳区域，完全符合与京津地区一小时工作圈及出海、航空的最佳投资理念。开发区周边现有高速公路5条(京沪、京济、石黄、津汕、沧保)，铁路3条(京沪、朔黄、沧港地方铁路)，国道省干道5条(307国道、104国道、205国道、沧乐路、沧宁路)。毗邻沧东经济开发区东侧已选地确定了沧州腾南民用支线机场。开发区规划面积75平方千米，地势空旷，易于储备征用，用地成本低廉，而且排水系统自然形成，重大资源配置易于落实。矿藏资源丰富，沧县是大港油田的主采区，石油地质储量达1.5亿吨，天然气储量282亿立方米；岩盐储量极为丰富，具有良好的开采和利用价值。西煤东运可在沧东经济开发区下线，具有丰富的煤炭资源优势。沧东经济开发区的产业定位将突出以石油钻采及装备制造加工业、化工终端制品加工业和通讯及电子产品制造业为主，重点打造石油钻采装备制造基地，构筑现代化工业新城和支撑沧州中心城市发展的大型产业平台。

(二)支持沧东经济开发区的措施

1. 做优基础设施引项目

按照市政府提出的沧东经济开发区要与市区对接，协同发展，同步建设的要求，对园区的产业规划、城市规划进行调整优化，并聘请专业政府和社会资本合作(Public-Private Partnership，PPP)咨询公司入驻园区，拓宽融资渠道。

2. 立足四大龙头企业选项目

做优环境，加快推进沧州华润热电有限公司、中核燃料沧州有限公司、沧州明珠国际服饰产业特色小镇、河北贝尔木业有限公司四大龙头企业做优做强。同时依托四大龙头企业的产业带动优势引进配套项目，依托中核燃料沧州有限公司高科技人才聚集优势，引进清洁能源和教育科研产业项目；依托沧州华润热电有限公司提供的电力、热力和蒸汽资源引进高科技、高回报的好项目；依托沧州明珠国际服饰产业特色小镇的产业聚集优势，引进服装加工、设计、销售项目，目前已与温州、常州、广州等多地服装加工企业建立了对接机制；依托河北贝尔木业有限公司在俄罗斯的木材料储备，积极引进以木材为原料的家居、家具产业，建立专业产业园区。

3. 活化机制，引入社会招商团队找项目

沧东经济开发区已与天津、北京、上海、深圳4个城市的专业招商队伍

积极洽谈合作事宜，积极引进社会力量实施专业化招商。

五、现代农业

(一)沧县农业发展的措施

1. 健全农业技术推广体系

加强提高县级，恢复、巩固乡级，积极发展村级及多种形式的服务组织。提高农业技术推广队伍整体素质，拓展服务领域，由农产品生产的产中向产前、产后的加工，市场销售及农村环境改善、农民生活指导，信息等方面的服务扩展，充分发挥农业技术推广中心、农业技术培训中心、农业信息中心的作用，实施"渤海粮仓"科技示范工程，广泛开展农民培训，提高农村居民的科学文化水平。按不同自然、经济条件在全县建立若干个区域农业技术推广站，集中力量搞好农业技术推广，推进科技进村服务站建设。发展群众性服务，中介组织、科技示范户，县级物流配送中心，直接把农资供应农村，减少中间环节，惠及群众。

2. 加强农业园区建设，发展休闲观光型农业

加快现代农业园区发展，带动和引导农业向高端、集约、生态方向发展。从政策资金、土地流转、基础设施建设等方面给予大力扶持，建成完善提升生态蔬菜休闲农业园区，重点打造大褚村乡添翼蔬菜标准种植园、恒忆源农业产业园、力源农业生态园、春源蔬菜园等。搞好杜生镇建国沟生态园、薛官屯新开路家庭农场、薛官屯乡范庄子村的家庭农场、兴济镇赵庄子鑫翰种植专业合作社、仵龙堂乡西官庄鼎力合作社等农业生态园区建设。

3. 抓好高产创建示范和科学示范

抓好高产创建示范田，推广配套技术设施，达到高产、优质、低耗、生态、环保、安全，发展粮食多元化，满足城市居民需求。抓好科技示范项目，推广新技术，搞好技术培训，提高农民科技水平，对科技示范户进行技术指导，发挥示范户典型示范辐射带动作用。

4. 加强农村土地承包管理

健全农村土地承包经营权登记制度，扩大登记试点范围，落实农业部提出的用5年的时间基本完成农村土地承包经营权确权登记颁证工作，妥善解

决农户承包地块面积不准、四至不清等问题。坚持依法自愿有偿原则，引导土地承包经营权有序流转，鼓励和支持承包土地向专业大户、家庭农场、农民合作社流转，发展多种形式的适度规模经营。加强土地承包经营权流转市场和信息化管理平台建设，逐步健全县乡三级服务网络，为流转双方提供信息沟通、政策咨询、合同签订、价格评估等服务。深入开展土地承包经营权流转规范化管理和服务试点，探索建立严格的工商企业租赁农户承包耕地准入和监管制度，确保农户家庭经营的主体地位，遏制土地经营的"非粮化""非农化"倾向。健全农村土地承包经营纠纷调解仲裁体系，加强调解仲裁能力建设。鼓励有条件的地方结合农田基本建设，引导农民采取互利互换方式，解决承包地块细碎化问题。

5. 加快培育新型农业经营主体

坚持以家庭承包经营为主，以发展多种形式适度规模经营和培育新型经营主体为重点，不断提高农业生产经营组织化程度。推动相关部门采取奖励补助等多种办法，扶持家庭农场健康发展，扶持农民合作社发展，鼓励农民兴办专业合作和股份合作等多元化多类型合作社。增加合作社发展基金，支持合作社改善生产经营条件，增强发展能力，逐步扩大农村土地整理、农业综合开发、农田水利建设、农技推广等涉农项目由合作社承担的规模。深入推进示范社建设行动，加快建立部门联合评定发布示范社机制，把示范社作为政策扶持重点，落实龙头企业扶持政策，完善与农民的利益联合机制，鼓励和引导城市工商资本到农村发展适合企业化经营的种养业，增加扶持农业产业化资金，创建农业产业化示范基地，促进龙头企业集群发展，支持建设原料基地培育品牌。

6. 增强投入，加快现代农业发展

积极争取国家项目和补贴资金，合理调整农业生产布局，大力实施"沃土工程"改善农业生态环境，推广配方施肥，推广秸秆还田，改良盐碱地，搞好"植保工程"，建立沧县农业有害生物预警控制区域站，试行农业有害生物预警预报，加强植物检疫，严防危害性农业有害生物进入本县，抓好农药减量控害工作，实施"种子工程"，做好新品种的引进、示范、推广工作。建立优质小麦玉米大豆等示范区，做好品种对比实验，筛选出适宜本县种植的主导产品，粮食作物良种的普及率达到100％。

7. 有效保障农民财产权利

土地承包经营权、宅基地使用权、集体收益分配权，是法律赋予农民的神圣权利，是农民集体所有制的根本体现，也是农民进退有据的重要保障，要因地制宜探索集体经济多种有效实现形式。不断壮大集体经济实力，积极探索集体经济组织成员资格界定的具体办法，鼓励具备条件的地方推进以股份合作为主要形式的农村集体产权制度改革，建立归属清晰、权能完整、流转顺畅、保护严格的农村集体产权制度，保障农民对集体资源和经营性资产的收益分配权，强化农村集体资金资产资源管理，全面完成农村集体"三资"清理工作，建立农村集体"三资"信息化监管平台，加快农村集体"三资"管理制度化规范化信息化进程，深入推进农村集体"三资"管理示范县创建活动，加强农村财务管理加大农村审计监督制度，建立减轻农民负担长效机制。

8. 强化农产品质量检测监督

完善农产品质量安全标准体系，加强农业投入品监管，全面完善农产品质量安全检测体系和监督检查制度，建立农产品产地标识管理和可追溯制度，加强对重点地区、重点单位、重点产品进行专项抽查检测，确保将全县农产品批发市场、农业标准化示范区、无公害生产基地、绿色食品和有机食品生产基地全部纳入质量安全监测范围。

9. 提高农业机械化综合水平

一是优化农业农机结构；二是推荐农机服务产业化；三是重点推广实用技术。推广秸秆还田综合利用、玉米深松免耕覆盖施肥播种、小麦免耕播种、玉米联合收获、化肥深施、小枣超低量喷雾、棉花机械铺膜播种和秸秆收获、机械深松8项技术。

(二)沧县枣产业发展的措施

1. 加强服务、技术引导

加强枣产业科技服务，大力推广先进的无公害标准化生产技术应用，努力解决好生产中技术服务的问题：

一是完善县乡村三级服务网络，充分发挥其职能；

二是加强对枣农的专业培训，推广标准化生产技术；

三是加强技术服务引导，对过于密植的枣园进行疏伐间伐和品种改良，

实现枣产业提质增效;

四是建立信息服务平台,实时发布关于枣树的栽培管理、病虫害防治、无公害栽培等信息,提高枣农的规范管理水平;

五是大力发展枣业合作社组织,引导和鼓励各地成立枣业合作社,对生产、销售等进行统一指导与管理。

2. 完善市场、产业化经营

一是完善市场管理,拓宽销售渠道。加大经济人才队伍建设,利用好枣业信息网络,加大品牌宣传与推广。整顿和规范市场秩序,建立诚信制度,创造公平的竞争环境。加大对不法商贩的打击力度,使市场建设更加规范,完善市场检测,对入场交易的枣果进行抽检,引导基地开展无公害生产。进一步提高市场占有率,提升小枣市场经营档次和水平,巩固全国最大红枣交易平台的地位,提升其知名度和影响力。

二是扶持龙头企业。在政策、资金、服务等方面加大对重点龙头企业的支持。扶持好想你枣业有限公司、河北沛然世纪生物食品有限公司、河北欧亚匡食品集团有限公司、全鑫食品有限公司等企业,鼓励其进行新产品自主研发,引导其产品向精深加工方向发展,增强其市场竞争力;解决好龙头企业、基地、农民之间的利益关系,规范企业和农户的生产经营行为,营造公平、合理、诚信的环境,协调好企业与农户购销协作关系,实现企业和农户的"双赢"。

三是制定政策,优农惠农。制定枣产业科技创新激励政策,对生产、加工、销售中出现的新措施、新方法、新产品、新思路,提供资金奖励;制定技术服务激励政策,鼓励技术人员投身到示范园区建设、标准化管理技术的推广中;制定土地合理流转政策,通过租赁、承包等形式,整合土地资源,推动规模种植;加大对枣产业的烘干设施建设、农机具购置的完善力度。

六、美丽乡村

(一)美丽乡村之老庄子村

沧县崔尔庄老庄子地处沧县西部、南距 307 国道约 3 千米,像是穿在杜崔路上的一颗明珠。老庄子村村民以从事枣树种植和加工为主。老庄子村曾荣获了县级先进基层党组织、县级文明村等荣誉。2016 年,在各级党委、政府和驻村工作组的指导帮助下，老庄子村积极把握发展机遇，把美丽乡村建设作为首要任务来抓、凝心聚力、真抓实干，取得了明显成效。

1. 凝聚全村之力，加大美丽乡村建设力度

一是提出高标准建设目标。针对村内环境脏、乱、差的状况，老庄子村提出了"凝心聚力打造美丽老庄子"的口号，大力提升村民生产生活条件，建设宜居、生态、富裕、稳定、和谐的老庄子。二是聚合全村人的力量。召开村民大会动员群众，通过广播、宣传栏等方式对美丽乡村建设进行宣传，先后10余次组织群众代表外出参观，激发农民群众投身美丽乡村建设的热情，做到全村知晓率和参与率达到100%。三是多方筹集建设资金。采取国家政策资金争一些、"一事一议"集一些、社会爱心人士捐一些的方法破解资金难题，有效缓解了资金难题。

2. 建设成效明显，农民生活品质不断提高

一是环境改善效果良好。"脏、乱、差"现象得到彻底治理，村容村貌焕然一新，人居环境明显改善，群众卫生习惯日渐形成。二是生活品质提升较快。村内水、电、路以及配套设施更加完善，村民的生产生活条件得到提升，生活舒适度得到提高。三是产业发展更加鲜明。因地制宜发展小枣产业，成立的小枣专业合作社更是让村民们享受到了优质服务，加快了群众增收致富的步伐。四是精神风貌不断净化。大力改善了村民的学习条件和群众的娱乐条件，丰富了群众的业余生活，有效杜绝了封建迷信等陈规陋习和赌博等不良风气。五是村庄更加和谐稳定。村组织进一步完善，创造力、战斗力得到强化，村民的凝聚力明显提升。

2016年以来，老庄子美丽乡村建设取得明显成效，下一步将进行污水处理池扩建、推进小枣采摘旅游项目、农家乐会馆建设和爱国主义教育一条街扩建等项目，进一步提升文化底蕴、增加村民收入，努力打造更加宜居、富裕、文明的现代化新农村。

(二)美丽乡村之黄递铺乡路场村

黄递铺乡路场村位于307国道南1千米处，距乡政府4千米，苗木种植为该村主导产业。该村于2016年被定为省级美丽乡村建设重点村，通过建设，村庄面貌焕然一新，村庄环境整洁优美，村民生活质量得到显著提高。

主要工作措施有以下方面。

1. 立足自身，突出特色

依据本村苗木种植这一特色产业，路场村提出了"美林小镇、天然氧吧"的总体规划理念，为村庄整体建设提出了目标和方向，也符合现代都市人群旅游休闲的心理需求。这一理念也可以作为村庄的一张名片对外宣传，实现进一步推广营销的目的。

2. 扎根文化，深挖内涵

黄递铺史上原名周裕庄，由于汉光武帝刘秀称帝前曾征战于此地，后改名"皇帝铺"，留下了"挂甲树""扳倒井"等历史传说，明代改为现名"黄递铺"。路场村在村中心街改造时，决定从深入挖掘汉代文化入手，打造"汉文化一条街"，把汉代的名人、历史成就制作成展牌，集中到中心街(取名刘秀大街)统一进行张贴展示，让人们在游玩参观的同时，感受到传统文化的氛围和熏陶。

3. 科学规划，注重细节

在村庄改造建设中，该村立足实际情况对旧宅基、林间路、果园等不同特点，因地制宜，科学规划，能做景观的做景观、适合做游园的做游园、该做广场的做广场，逐步打造成了"三园一街一广场"的总体村庄格局。"三园"即村内小游园、林间健步运动园、苹果采摘园，"一街"即汉文化一条街，"一广场"即村民文化广场。另外，该村从细节入手，安装了草地护栏、树坑格栅、宫灯等装饰用品，对村庄面貌进行再亮化提升。进入路场村，人们所见之处皆是风景，一年四季都能游玩，真正实现了"绿化、亮化、美化"。

(三)美丽乡村之蒲码头村

蒲码头村位于高川乡政府东南 3.5 千米处，紧傍滹沱河故道北岸，村庄整洁，村内绿化多以槐树为主，早期规划做得好，贯彻较到位。2016 年，该村以"创业增收生活美、科学规划布局美、村容整洁环境美、乡风文明和谐美"为思路，在美丽乡村建设中，乡村两级高度重视，分别成立了相关的工作机构，形成了县级部门勤指导，乡村两级合力创建，乡部门协调联建，群众积极参与共建的工作格局。主要工作措施有以下方面。

1. 宣传到位

该村召开党员及村民代表会 10 余次进行动员，并先后 5 次组织群众和有拆迁任务的养殖场、违建户主到黄骅李常庄、东道安等村参观学习，给干部以动力、群众以合力、拆迁户以压力，使工作深入人心，群众参与积极性高涨，创建氛围浓厚。

2. 乡村和施工单位互动

党委政府安排 3 名副科级干部带队，乡村组成 10 人的创建工作机构，工作中互提建议，根据实际情况进行适时调整，每个项目的工作看在眼、盯在村、抓到人，直到落地出成果。

3. 提前制定规划方案

在市规划设计院制定规划的基础上，该村又委托北京首都工程建筑设计有限公司做了《美丽乡村建设详细规划方案》，具体项目同施工单位制定实施方案，经审核后落实。

蒲码头村以农业种植为主，主要是金丝小枣的种植，2010 年以前，该村是高川乡红枣加工的集中村。近几年，该村通过外出参观学习，又有部分农户进行家禽养殖以及外出务工，借以达到增收的目的。

(四)美丽乡村之纸房头乡

纸房头乡位于沧州市区正西 5 千米，总面积 81 平方千米。境内有南运河、南排河、黑龙港河穿过。京沪高速公路和石黄高速公路在此交汇成"黄金十字"，高速公路出口距乡政府驻地仅 200 米，是北上和南下的必经之路，307 国道穿过，具有得天独厚的区位优势。

全乡现已形成桃园、王英庄、田庄子 3 个小枣示范村，吊庄、西纪家洼、吕庄子 3 个苗木发展示范村，十户坦、前营、周庄子 3 个甜瓜种植专业村，大白洋桥香椿种植示范村，陈庄子大棚养鸡示范村。

(五)美丽乡村之大褚村回族乡

大褚村回族乡位于沧县人民政府西 18 千米处，距沧州市区仅 10 千米。307 国道和石黄高速公路穿乡而过，距石黄高速公路和京沪高速公路出入口仅 5 千米，交通便利。

该乡原属青县辖，1945—1949 年隶属青沧交县①，1949 年划归沧县。农业特产有金丝小枣和鸭梨。近年来，乡党委、政府坚持以开放总揽工作全局，以建设"富裕、文明、平安、和谐"新褚村回族乡为目标，取得了经济快速发展和社会和谐稳定双丰收。经济发展实现了主导产业特色化、特色产业规模化、规模产业名优化，打造了小枣品种改优、优质麦推广、劳务输出、生态家园富民工程、农村科技经济信息服务网工程、基层组织建设规范化、"两个服务中心"行政服务工作模式、红枣生态园循环经济等多个县市级工作亮点。该乡曾被评为"河北省生态家园富民工程先进单位""沧州市稳定工作先进单位""沧州市排调工作先进单位""沧州市信访工作先进单位""沧州市综合治理先进集体""沧县就业和再就业先进乡""信访稳定工作先进单位""沧县农田水利建设先进乡"，获得"市农田水利基本建设一等奖""县财政增收奖"等。

(六)美丽乡村之崔尔庄镇

崔尔庄镇位于沧州市西 35 千米处，镇政府驻崔尔庄东村。该村为清代文学家纪昀出生地。

崔尔庄交通便利。307 国道、石黄高速横贯东西，廊泊路纵穿南北，距京沪高速公路 20 千米，黄骅港 70 千米。

崔尔庄镇枣园品种以金丝小枣为主，枣质皮薄肉厚，色泽鲜红，味道甘美，富含糖及多种微量元素。近年来，崔尔庄发展枣粮间作，并向冬枣、无核枣、富硒枣等新特品发展，呈现出密植化、标准化、无公害化的发展趋势，形成了市场带基地，基地连农户的产业格局。

崔尔庄镇乡镇企业发展很快，涉及建材、化工、线材、桥涵建筑、调味品等诸多行业，仅枣制品加工企业产品有蜜枣、酒枣、鸡心枣、阿胶枣、玫瑰枣、富硒枣等 10 多个品种以及枣茶、枣泥、枣汁等系列深加工产品，相关配套建设也相继发展。采用传统工艺生产的"奇美香肠"是崔尔庄一大特产，乾隆皇帝曾御笔题词。

---

① 青沧交县已于 1949 年 10 月撤销。

（七）美丽乡村之仵龙堂乡

仵龙堂乡位于沧县县境东南部约 25 千米处，东临孟村回族自治县，交通便利。仵龙堂乡保留有北魏延兴元年(471 年)的八角井。

该乡土地资源丰富，总面积 65.5 平方千米，地下油气资源丰富，系大港油田采油三厂主要作业区。王官屯附近为大港油田主要产油区之一，沧盐公路横贯全境，石油一号路连通主要石油村，全乡通公路里程达 46 千米，实现了村村通。

全乡规模以上企业有沧州渤海管件有限公司、沧州百瑞橡胶制品有限公司、沧县腾达沥青化工有限公司等，年产值均超过 1000 万元。该乡有管件、东卷子纸箱、前唐橡胶和王官屯化工 4 个工业聚集区。聚集效应凸显，企业税收对财政贡献逐年增长。

七、沧县经济发展中存在的问题

（一）营销型人才短缺

近几年，沧县农业发展滞后，特色产业金丝小枣的发展也受到了同类产品新疆枣的冲击。通过与相关部门座谈，得知除气候问题的影响外，营销人才的短缺是影响沧县经济发展的主要原因之一。缺乏"引进来"和"走出去"的人才，缺乏"领头羊"带领劳动人民致富。

（二）参与国内外市场竞争的压力加大

随着我国对外开放步伐的加快，资源、市场、人才、资金方面的竞争更加激烈。沧县企业生存和发展面临的压力和风险进一步增大，抵御市场冲击的压力加大。

（三）经济增长的内在动力不足

沧县企业资金短缺，人才匮乏，科技创新能力弱，发展后劲不足。沧县流通市场欠发达，有待进一步提升市场流通能力。

(四)企业带动能力不强

沧县农业基础脆弱,抵御自然灾害能力差,产业化水平低,龙头企业规模小,抗市场风险的能力差。工业经济规模小,现有企业技术装备和现代化管理水平偏低,名牌产品匮乏,高新技术产业发展比较薄弱,创新能力不足,生产设备落后。

八、促进沧县经济进一步发展的建议

(一)吸引人才入沧

1. 制定出台人才引进优惠政策

以河北省启动京津冀协同发展引智计划为契机,积极实施人才培养扶持工程,吸引各类人才,尤其是吸引营销人才到沧县兴业创业,为高端优质人才的聚集营造良好的政策环境和社会环境。

2. 探索建立京津人才创新创业基地

积极对接京津高等院校、研发机构,通过提供优越场地、资金、政策等方面支持,吸引京津高级人才到沧县开展创新创业、产业孵化,助推产业转型升级和新兴产业发展。

3. 加强专业营销人才队伍建设

大力推进营销型人才和企业人才队伍建设,充分利用现有教育资源,加强职业营销教育,不断提升营销型人才的综合素质。建立完善营销型人才培养、评价、使用、选拔激励机制,优化营销型人才发展环境。紧紧围绕满足改造提升传统产业、发展战略性新兴产业需求,面向重点企业和科研单位,加大石油钻采装备制造业、包装产业、化工产业、线路板产业、汽车配件产业等行业对口引进高层次专业人才力度,力争引进一批高层次人才。力推人才股份化、技术资本化,提高科技成果转化、转让获得收益比例,调动本土和引进人才的积极性,激发创新发展活力。

4. 加快人才引进平台体系建设

大力支持技术研究中心、企业研发中心、实验室与工作站、创新实践基地与公共实训基地建设,组建产业针对性强、促进发展升级的技术联盟。建立与沧县经济社会发展相适应的人才需求预测和调整机制，加快相关产业高精尖专业人才引进；健全跨区域人才流动机制，为人才引进提供制度依据；逐步完善户籍、住房、教育、人事和社保转移衔接制度，实行柔性引才。

(二)坚持对外开放、协同发展

1. 大力推进创新及对外开放水平

以提升沧县经济实力为核心，大力推进科技创新、管理创新，培养和聚集创新创业人才，鼓励大众创业、万众创新，促进科技型中小企业的增长。提高发展的全面性、协调性、可持续性，实现经济社会科学发展、跨越发展。

提高对外开放水平，面向京津、面向全国、面向全世界，为经济社会发展注入新的活力。着力加强与"一带一路"沿线国家合作，促进外资来源多元化。积极鼓励发展跨境融资，鼓励优势企业境外上市。加快引进人才和先进技术成果，增强自主创新能力，提高科技进步对经济增长的贡献率。

2. 坚持协同发展

围绕省市在京津冀协同发展中的战略定位，积极融入"五城建设"，立足沧县实际，统筹谋划布局，落实重点任务，做好环城、沿海、京津文章，推动经济社会协调发展。

(三)坚持特色发展战略

1. 坚持"一极、一圈、多个区"发展战略

持续大力培养沧东经济开发区经济增长极，构筑环中心城区经济圈，建设多个产业聚集区，拉开框架，形成区域竞争发展、协调发展的新格局。

2. 坚持把重点项目建设作为经济社会发展的主引擎

项目是发展的载体。在沧县谋划、储备、建设一批立县立乡的工业项目，提升城镇品位的城建项目，惠及更多群众的民生项目，切实做到以项目转方式、调结构、促发展、惠民生、构和谐。

(四)坚持转型升级

坚持把加快推进新型工业化作为突出任务。以建设资源节约型和环境友好型社会为目标，坚持转变发展方式，变中求新、变中求进、变中突破，扎

实推进节能减排，高效利用土地资源，促进企业由粗放经营向集约经营转变、产业由分散经营向集中经营转变，努力改造提升传统优势产业，积极发展战略性新兴产业。构建资源集约配置、企业梯度集聚、上下游产品相互衔接的现代产业体系，加速新型工业化步伐，以工业化推动城镇化，带动农业现代化。

参考资料：

[1]沧县地方志编纂委员会．沧县志．北京：中国和平出版社，1995.

[2]历史沿革，沧县人民政府，http：//www.cangxian.gov.cn/article_com.asp? id＝14，2020-15-18.

[3]支柱产业，沧县人民政府，http：//www.cangxian.gov.cn/list.asp? cid＝49，2020-15-18.

[4]沧县政府办，沧县政府工作报告(2012—2017).

第五章 泊头市经济发展调研报告

高永国　赵国华　张志强　张雅琪　张　慧

　　摘　要：泊头运河是大运河的重要组成部分，泊头市也是运河沿岸的重镇。本章首先从泊头市的概况、特色产业、重点企业、现代农业、旅游品牌等方面进行了介绍。其次，分析了泊头市经济发展中存在的问题，包括大运河文化带泊头段建设规划问题、产业转型升级问题、产业创新问题等。最后，提出了促进泊头市经济进一步发展的建议。

　　关键词：经济概况，特色产业，重点企业，现代农业，旅游品牌

一、泊头市概况

（一）泊头市的历史沿革

　　泊头始建于东汉，初兴于隋唐，因运河漕运兴起而得名。1946 年，泊头解放并设市，后建置几经变迁，于 1962 年改为交河县辖镇。1982 年恢复泊头市建置。1983 年，交河县撤销，并入泊头市，形成现在建制。

　　泊头近代与佛山、无锡并称"中国三大铸造基地"，是中国近代铸造工业的发源地之一。1912 年，时为中国最大的化工企业——永华火柴有限公司在泊头成立，"泊头火柴"从此名扬海内。改革开放后，泊头经济和社会事业发展创造了一个又一个辉煌。1986 年，泊头市被国务院批准为对外开放城市，1993 年被河北省委、省政府列为环渤海开发开放地区，1998 年被河北省政府批准为省级综合改革试验县（市）。2004

年泊头市与中国机械工业联合会共同成功举办了"中国·泊头"汽车模具论坛，并被授予全国首个"中国汽车模具之乡"。截至目前，泊头市先后荣获"中国鸭梨第一乡""全国鸭梨无公害生产示范县""全国园艺产品出口示范基地""绿色食品基地""河北省大气污染治理设备生产基地""河北省环保产业试点市""河北省农产品加工示范基地县""中国铸造之乡""河北省舰船用泵研发生产基地和舰船用铸锻件生产基地"等十几项荣誉和称号。

(二)泊头市经济概况

2017 年，泊头市地区生产总值完成 2090280 万元，其中，第一产业实现产值 147525 万元，占地区生产总值的比重为 7%；第二产业实现产值 1095605 万元，占地区生产总值的比重为 52%；第三产业实现产值 847150 万元，占地区生产总值的比重为 41%。与 2013 年相比，第一、第二、第三产业生产总值占地区生产总值的比重从 12：52：36 调整为 7：52：41，结构得到了一定的优化。(图 5-1、图 5-2)

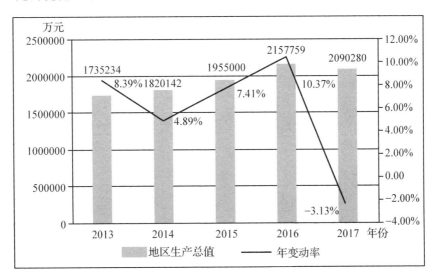

图 5-1　泊头市 2013—2017 年地区生产总值及年变动率

数据来源：《河北经济年鉴》

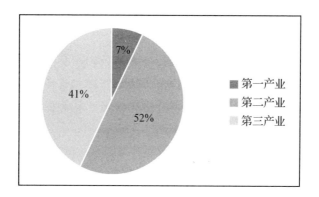

图 5-2 泊头市 2017 年第一、第二、第三产业生产总值占地区生产总值的比重

数据来源:《河北经济年鉴》

1. 农业

2017 年,泊头市粮食产量 366732 吨,同比减少约 9.05%,油料产量 278.51 吨,同比减少约 29.8%,棉花产量 134.85 吨,同比减少约 92.8%,肉类产量 22502 吨,同比减少约 20.6%。

2. 工业

截至 2017 年年底,泊头市规模以上工业企业达到 253 家,完成总产值 1810033 万元(图 5-3)。

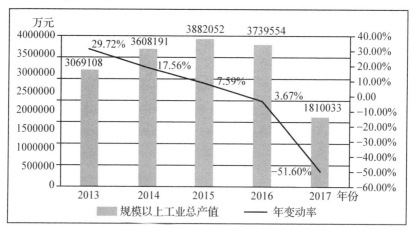

图 5-3 泊头市 2013—2017 年规模以上工业总产值及年变动率

数据来源:《河北经济年鉴》

3. 全社会固定资产投资

泊头市从 2013 年起，全社会固定资产投资连续 5 年保持增长。2017 年，全社会固定资产投资完成 2395668 万元，同比增长约 6.38％（图 5-4）。

图 5-4　泊头市 2013—2017 年全社会固定资产投资及年变动率

数据来源：《河北经济统计年鉴》

4. 社会消费品零售总额

从 2013 年到 2017 年，泊头市社会消费品零售总额保持了连续增长态势，2017 年，泊头市全社会消费品零售总额实现 1101918 万元（图 5-5）。

图 5-5　泊头市 2013—2017 年全社会消费品零售总额及年变动率

数据来源：《河北经济年鉴》

5. 城乡居民收入

随着经济的快速发展，城乡居民收入快速增长，人民生活水平进一步提高。2017 年，泊头市农村居民和城镇居民人均可支配收入分别达到 13301 元和 30396 元（图 5-6）。

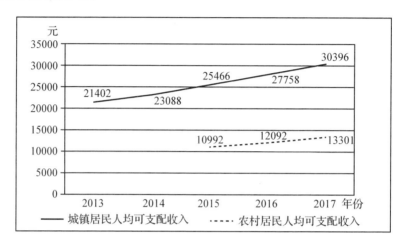

图 5-6　泊头市 2013—2017 年城乡居民人均可支配收入

数据来源：《河北经济年鉴》

二、特色产业

（一）泊头市特色产业之梨产业

泊头市鸭梨的栽培历史远溯至西汉时期，至今已有 2000 多年的历史。泊头梨的品种繁多，种类不下百余种，其中以鸭梨最为著名，黄梨次之。鸭梨源于形似填鸭而得名，历史上曾因地理方位有"交梨""瀛梨"等名称。隋唐时期，梨树种植已较为普遍。但梨树更为广泛的种植是在明代，宣德年间，交河知县林俊颁令境内民家务种梨枣，以备饥荒。后经自然灾害和战乱，梨业发展濒临绝境。清末民初时期，受运河航运和津浦铁路影响，梨业得以迅速发展。

1953 年，泊头市交河县梨果产量居全国之首。1958 年 9 月，农业部在交河梨区召开果木树木工作现场会，总结推广交河县梨果生产的经验；中央新闻纪录电影制片厂专程到齐桥拍摄了鸭梨生产大丰收的新闻简报。1962 年，交河县被省政府确定为外贸出口鸭梨生产基地。1985 年，农牧渔业部确定泊头市为梨果生产基地，泊头市成为国家 4 个重点梨果生产基地之一。"运河牌"鸭梨同年被列为国宴特供果品。1991 年，泊头市举办首届鸭梨节，时任全国政协副主席王任重亲笔题词"中国鸭梨第一乡——泊头"。2005 年，"泊头鸭梨"被国家质检总局批准实施国家原产地域产品保护，2009 年"泊头鸭梨"被国家工商总局认定为国家地理标志证明商标。2012 年，泊头市被评为"河北省十大果品特色县"。

(二)泊头市特色产业之汽车模具产业

汽车模具产业是泊头市新兴的特色产业，泊头市是中国机械工业联合会命名的全国首个"中国汽车模具之乡"。泊头市是全国汽车模具生产行业中规模群体最大、产业聚集度最高的地区之一。其中，河北兴林车身制造集团有限公司在全国同行业中名列前茅。

泊头汽车模具产业产品以中档汽车模具生产为主，有 100 多个品种，能够为中轻型皮卡、SUV 面包等汽车生产厂家提供覆盖件冲压模具，为轿车提供内衬件模具，并具备了整车型模具研发能力。泊头汽车模具产业与中国第一汽车集团有限公司、哈尔滨哈飞汽车工业集团有限公司、上汽通用五菱汽车股份有限公司、广州本田汽车有限公司等 40 余家知名汽车生产企业保持了良好的业务合作关系，产品出口日本等国家。

(三)泊头市特色产业之环保产业

泊头市环保设备产业起步于 20 世纪 70 年代，现已成为本市特色产业之一。泊头市曾荣获河北省政府确定的全省唯一的"环保产业试点城市"、中国长江以北最大的"大气污染治理设备制造基地"等荣誉称号。

2013 年 8 月，泊头市上榜河北省特色产业名县名镇，被命名为"河北省大气污染防治设备制造名市"。泊头市四营乡被命名为"河北省环境保护专用设备制造名乡"。

目前，该产业已形成了生产除尘器及其配件产品 13 大系列 200 个品种的产品体系，主要产品包括布袋、静电、旋风、湿式 4 大系列除尘器，电磁阀、除尘骨架、各种滤料、文氏管、引射器、卡箍、减速机、除尘控制器、卸料器、过滤筒等相关配套产品一应俱全，广泛应用于电力、冶金、化工、建材等行业，销往国内山东、山西、河南、内蒙古、新疆等20多个省区，并出口日本、越南、新加坡等18个国家和地区。

(四)泊头市特色产业之铸造产业

泊头市铸造业历史悠久，已有1300多年的历史，是著名的"铸造之乡"。1987年，泊头西部出土了五代十国时期的铁佛。明代，泊头的铸造业渐趋发达，河北中部的铁器，多出于境内铸造匠人之手。清代，境内铸造业已闻名遐迩，据资料记载，各省府州县乃至东南亚地区均有交河人从事铸造业。1964年，泊头农具社制造出了高质量犁镜，被国家认定达到了全国名牌山西阳城犁镜的水平。1970年，泊头为邯邢钢铁基地生产了1800毫米的大阀门，轰动全国，《人民日报》和新华社大幅刊载，时任副总理的李先念两次来到泊头视察，称赞"泊头人民有志气"。2009年，中国铸造协会授予泊头"中国铸造之乡"荣誉称号。泊头市成为全国第一家被授予"中国铸造之乡"荣誉称号的县市。

2010年，泊头市出台《泊头市铸造行业达标条件暂行规定》，对铸造工艺、铸造装备、铸件质量、能耗及节能标准、废弃物排放与治理等方面进行了规范，以遏制铸造行业低水平重复建设，鼓励企业进行技术改造、科技创新。在工艺方面，禁止新上黏土砂干型铸造工艺，鼓励企业选择机械化、半自动化及自动化造型生产线。在铸造装备方面，新建铸造企业原则上不再采用小于5吨/小时的冲天炉；禁止新上无磁轭的铝壳电炉，提倡大批量生产铸铁件产品，采用冲天炉、电炉双联熔炼工艺；提倡采用变频、中频感应炉熔化设备等。

三、重点企业

泊头东方果品有限公司

泊头东方果品有限公司是与香港合资经营水果、蔬菜等农产品的生产、加工、储藏、出口销售的股份制企业。公司成立于1997年，位于泊头市，环境优雅，交通便利。

公司自成立以来，凭借优越的自然地理优势，紧随国家农业产业化改革进程，以"公司＋基地＋农户"的经营模式，逐步向产业化发展。2002 年，公司采用密植型棚架结构、滴灌微喷技术方式建立高科技示范果园基地。2001 年，公司被农业部、外经贸部命名为"全国园艺产品出口示范企业"，2002 年，被省委、省政府命名为"重点龙头企业"。2004 年，公司通过 ISO 9001 质量管理体系认证和 HACCP 食品安全管理体系认证。现主要经营品种有梨、苹果、枣、桃、葡萄、柑橘、蔬菜等，其中"金马"系列产品已畅销美国、加拿大、澳大利亚等 10 多个国家和地区。

河北吉荣家具有限公司

河北吉荣家具有限公司创建于 1966 年，现已发展成为一家拥有自主进出口权的综合性大型家具制造企业。吉荣家具有限公司专门从事教学家具、办公家具及高档酒店家具等领域的设计、生产、维护与保养。公司先后购置了多套国外生产设备及生产流水线。吉荣教学课桌椅系列已被国内 1000 多所院校采用。公司采取 ISO 9001 质量管理体系认证和 ISO 14001 环境管理体系认证标准生产，使产品工艺达到国际先进水平，从而保证了产品的高质量和绿色环保要求。

河北万雉园农牧科技有限公司

河北万雉园农牧科技有限公司始建于 1999 年，坐落在河北省泊头市工业区，是一家集种鸡饲养、鸡苗孵化、饲料生产、无公害蛋鸡产销和技术服务于一体的农业产业化省级重点龙头企业。

公司拥有华北地区规模最大、设施最先进、标准化程度最高的无公害蛋鸡养殖基地。公司生产的"万雉园五谷蛋"是河北省首家获得农业部正式认证的无公害农产品，其中"自然五谷蛋"系列被认定为"中国有机产品"。公司鸡蛋产品是"第十一届中国农产品交易会名优农产品"，还被河北省技术监督局评为"河北省名牌产品"。同时，公司还是河北省著名商标企业，其产品畅销北京、天津、湖南、湖北、广东等地。公司多次被评为"重合同守信用企业""青年文明号""AA 级信用企业""饲料优秀企业"等。

河北精达机床制造有限公司

河北精达机床制造有限公司是一家集数控机床、工量具、汽车模具研发生产于一体的高新技术企业，致力于高端数控机床和工量具产品的研发制造。公司与世界名企交流对接，拓展合作渠道，树立品牌形象。公司生产的"精达"牌数控机床、工量具产品全部通过 ISO 9001 质量管理体系认证和国家军用标准质量管理体系认证。公司产品覆盖国内 30 余个省区市，并远销全球 30 多个国家和地区。

河北宁泊环保股份有限公司

河北宁泊环保股份有限公司是原泊头市宁泊环保设备成套有限责任公司与韩国合资的企业，系河北省环保产业协会理事会员，是集设计、制造、安装、调试及售后服务于一体的公司，是目前国内高档次、高质量、高性能环保产品的技术开发和生产基地。该公司以技术力量雄厚、质量管理严格、生产制造精良、售后服务一流著称于国内外。公司拥有世界先进的钣金加工自动生产设备，计算机辅助设计（Computer Aided Design，CAD）工作站和设计、销售、财务等计算机管理网络，并通过了 ISO 9001 质量管理体系认证。

公司先后与十几个科研机构建立了长期合作关系，生产静电除尘、袋式除尘、旋风除尘、湿式除尘等 8 大系列除尘设备及配件，也可根据用户需要进行非标设计改造，公司管理已实现微机化控制。公司在国内冶金企业的环境保护工程上成绩显著，受到用户好评。公司消化引进了电除尘器阳极板轧制线，该技术在国内独家生产；同时开发研制了电除尘器阴极线轧制设备。这些技术使公司在原有冲、压、磨、铣、车、刨、龙门吊等各种通用设备基础上，为采用高新科技生产电除尘奠定了基础。公司重视新技术的开发和利用，技术中心拥有微机和绘图设备数十台（套），并且与各大专院校和设计院联网，进行技术交流，为国内重点项目的大型炉窑的烟气净化设计、制造、安装了国内一流的除尘设施。

河北兴林车身制造集团有限公司

河北兴林车身制造集团有限公司成立于 1986 年，是河北省百强企业，享有自营进出口权，是目前国内模具制造行业规模最大的民营企业之一。公司运用先进的 CAD，计算机辅助制造（Computer Aided Manufacturing，CAM），计算机辅助工程（Computer Aided Engineering，CAE）和计算机网络信息技术，可快速地进行数据交换和信息传递，实现资源共享；并具有三维实体模具设计能力。其模具加工周期短，加工精度和使用寿命均达到国内先进水平。河北兴林车身制造集团有限公司以灵活的经营机制和良好的用人政策吸纳各类优秀人才，以"一流的设备、一流的人才、一流的产品、一流的服务"提升中国汽车模具制造水平，并积极参与国际市场竞争，促进中国民族汽车工业的发展。

公司主要从事汽车车身覆盖件冲压模具、检具、组焊夹具的设计制造，大中小型冲压件制造销售，冷冲模专用铸件制作；并可承接或合作开发各种新车型（整车车身模具及冲压件）。该公司是国内各大汽车生产厂家的主要模具供应商，有力支撑着中国汽车模具工业的发展，在全国同行业中占有举足轻重的地位，并率先出口日本，打开了国际市场。

泊头市京泊汽车模具有限责任公司

泊头市京泊汽车模具有限责任公司位于泊头市，西靠京沪铁路、104 国道，东临京沪高速公路，交通非常便利。公司主要从事汽车车身内、外覆盖件冷冲压模具、检具、装焊卡具的设计、制造和销售，可为用户提供车型扫描、车身模型制作、整车数值模型建立直至工装设计开发的系列全套服务。公司拥有先进计算机系统，全面采用 CAD、CAM、CAE 技术，利用软硬件标准接口技术，可与现行主要 CAD 软件进行数据交换。"精心设计、精工制造、精益求精"是公司视为企业生命的产品质量方针。公司建立了完善的质量保证体系，规范执行用户厂家的技术协议，使用户的产品性能与质量得到了可靠的保障。公司始终致力于高新技术的开发和应用。丰富的汽车车身数值模型造型经验以及多年的模具设计、加工制造经验积累，使公司跻身于中国国内汽车车身模具制造的先进厂家行列。多年来，公司经过不懈的努力，在日益激烈的市场竞争中，不断更新生产设备及生产技术，得到了全国各地广大用户的认可和好评。

泊头市金键模具有限责任公司

泊头市金键模具有限责任公司是生产汽车、农用车覆盖件冲压模具的专业企业，可为用户提供各类型的汽车、农用车全序模具的设计与制造、车身及车身零件的三维建模及检测。公司具有丰富的模具设计和制造经验，拥有齐全的机械加工设备和精确的检测手段，有调试冲压模具的压力机，并拥有高精度的三坐标测量机，可为主模型、工艺型及整车车身的检测提供准确的数据。

泊头市兴达汽车模具制造厂

泊头市兴达汽车模具制造厂位于泊头市交河工业开发区。公司成立于

1992 年，是天津汽车模具有限公司重点扶植从事汽车覆盖件产品研发、模具设计制造、冲压件生产的专业模具厂家。

工厂实施人才战略，拥有一支优秀的技术人员队伍，分别在天津市鑫茂科技产业园和企业本部设有两个技术中心，主要从事建型冲压工艺分析、模具设计等。工厂引进了专业的金属材料冲压工艺分析软件，模具结构采用三维实体设计，实现了模具设计与制造 CAD、CAM、CAE 三维一体化信息管理平台。2005 年，在天津武清开发区组建了天津兴达伟业汽车模具有限公司。2006 年，工厂通过了 ISO 9001 质量管理体系认证。经过不懈努力，工厂打造出"兴达模具"国内知名品牌，2006 年，工厂被中国模具协会授予"中国汽车覆盖件模具重点骨干企业"，成为中国最大民营独资汽车模具企业之一，"兴达模具"已成为国内外知名的汽车模具制造基地。工厂始终坚持技术创新求发展，把质量视为企业生存的根本。在企业内部营造"以人为本，诚信至上，科技创新，优质服务"的企业文化，本着"细琢精雕，帮助客户成功，共同打造未来"的企业宗旨，追求"精细化作业、持续改进技术、零缺陷管理"的企业目标，凭借一流的产品和服务，赢得了国内外客户的信赖。

四、现代农业

2017 年，泊头市被评为"河北省渤海粮仓项目优秀示范市"，其农业特色产业以果品、畜牧、用材林 3 大产业为主。泊头市是驰名中外的"鸭梨之乡"，梨树种植面积和产量均居全国前列。全市森林覆盖面积居河北省平原县前列。2016 年，亚丰现代农业园区被认定为省级现代农业园区。

(一)泊头市把握"5 个方向"做优做强现代农业

1. 加强农业基地建设

做精做强粮食、果品、畜牧 3 大产业，积极推进农产品规模化种养、标准化生产、专业化加工、市场化营销。一是建设粮食基地。以交河镇、富镇、西辛店乡、四营乡等乡镇为核心，建设高效农业片区，实现农业产业化。二是建设果品基地。以文庙镇、齐桥镇、洼里王镇、王武镇为轴线，以东方果品有限公司崔桥果园、亚丰果品有限公司大炉果园和洼里王镇绿禾现代农业生态园为依托，建设优质农产品产业带，大力推广新、特、优果树品种，发展果品种植及深加工，把泊头市建设成河北省农产品加工基地。三是建设畜牧基地。充分发挥万雉园百万只蛋鸡基地、民乐牧业奶牛养殖基地、银海公司肉牛养殖基地、盛景公司万头生猪繁育基地的示范作用，带动农户扩大养殖规模。

2. 加强龙头企业建设

围绕京津冀协同发展，主动对接中粮、华润、伊利等全国农业500强企业，重点推进万雉园与中粮集团的合作进程，支持农业产业化龙头企业与"中字头"的合作"联姻"，促进泊头市龙头企业转型升级，增强引领带动效应。着力构建公司、农民合作社、农业产业基地、农户产业共同体，充分发挥龙头企业的带头作用，实现全市农业创新发展。"十三五"期间，重点抓好万雉园蛋鸡养殖扩建、民乐牧业万头奶牛基地扩建、路虎养殖合作社肉牛养殖场、亚丰果品有限公司果品示范园等建设项目。

3. 加强现代农业园区建设

培育新型农业经营主体，推动农业园区提档升级，依托园区建设引进外部优势资源，加速生产要素向园区集中、向重点产业配置，把园区打造成为科技中心、出口创汇中心、物流配送中心、农村劳动力就业中心。重点抓好以万雉园农牧科技有限公司、东方果品有限公司、亚丰果品有限公司为中心的现代农业园区建设，力争建立一个省级乃至国家级鸭梨技术研究中心。

4. 加强生态农业品牌建设

以农产品生产标准、质量追溯和安全检测为核心，建立完善农产品质量安全信用体系，进一步提高农产品质量。围绕"泊头鸭梨"国家地理标志，组织实施农业品牌战略，挖掘农业品牌文化与内涵，打响泊头市生态农业优势品牌。加快建设无公害农产品、绿色食品和有机农产品发展体系，推动自主技术、自有品牌的创新和发展。

5. 强化农业社会化服务

完善农业服务体系，有效地降低农业经营成本和风险。加快构建公益性服务和经营性服务相结合、专项服务和综合服务相协调的新型农业社会化服务体系。培育多元化的农业社会化服务组织，加强农业公共服务能力建设，完善农业生产全程社会化服务机制创新试点。鼓励和引导社会力量参与公益性服务。

(二)泊头市植树造林情况

泊头市现已制定《泊头市大运河沿线绿化及秋冬季造林工作实施方案》。泊头市境内大运河堤岸长度共计 51.98 千米,其中东堤 14.35 千米,西堤 37.63 千米,大运河两侧各绿化宽度不低于 1000 米。主要栽植杨树、栾树、国槐、丁香、白蜡、梨树、桃树等。此外,泊头市还多次组织造林大户、苗木种植大户到山东、邢台、河南等地参观订购苗木。

五、十大旅游品牌

(一)十大旅游品牌之中国最大的鸭梨观光采摘园

鸭梨观光采摘园共包括亚丰、三岔河两部分。亚丰鸭梨观光采摘园位于泊淮路南侧,每年 4 月梨花开放,自 7 月初至 10 月上旬果实相继成熟,吸引游人前来采摘。同时,观光采摘园建成鸭梨文化展馆,集中陈列展示鸭梨栽培、产业发展的图文资料和实物。三岔河观光采摘园位于洼里王镇三岔河村,梨花开放时节,站在 6 米高的观光台上,花海美景、河岸风光尽收眼底。同时,三岔河观光采摘园还有独具特色的河汉、河湾风景,更有丰富的历史传说、文化遗迹,形成了底蕴深厚的果品文化和民俗文化。

(二)十大旅游品牌之中国首家工艺铸造小镇

工艺铸造小镇位于洼里王镇的后八尺高村,小镇内的工艺铸造展馆展出工艺茶壶、欧式园林装饰、铸铁炊具等工艺铸造产品。小镇沿清凉江河畔打造铸造工艺游园,建设工艺铸造碑林、工艺铸造体验馆、铸造风情街、铁艺农家乐等项目,打造以工艺铸造文化为主题,集吃、住、行、游、购、娱为一体的省级旅游精品村。

(三)十大旅游品牌之十里香大运河酒文化产业园

大运河酒文化产业园把大运河文化、酒文化和现代工业融为一体,塑造大运河文化中"酒"这一元素符号。大运河酒文化产业园,有工业园、发酵园、大运河酒文化博物馆、会议中心、环湖文化景区 5 大功能区,另设环园水系、玉石拱桥、文化长廊等景观区，用工业旅游的思维宣扬大运河酒文化，反哺母亲河，产业园曾荣获"河北省工业旅游示范点"称号，是沧州首例。

(四)十大旅游品牌之泊头市特色精品线路

重点打造华北第一寺"清真寺"—国家级非物质文化遗产"六合拳"—河北省中共党史教育基地"中共中央华北局城市工作部旧址"—省级非物质文化遗产"三痴斋泥塑"—古运河畔莲心神韵"泊莲禅寺"—爱国主义教育基地"军屯惨案纪念碑"旅游线路，形成具有泊头市特色的旅游观光线路品牌。

(五)十大旅游品牌之环城水系景观

总投资 8.5 亿元、全长 16 千米的环城水系项目分为 4 期，一期为运河景观带，二期为北环水系，三期为一号干渠，四期为清南连渠，在重要节点打造湿地公园，形成水动、水清、岸绿、景美的环城景观。

(六)十大旅游品牌之华北最集中的古桑葚种植观光区

营子镇苟鲁道村已有 2000 多年的桑树种植历史，该村有远近闻名的古桑葚文化观光景区，中央电视台《农广天地》曾对其进行专题报道。该村南依老盐河，北傍滹沱河，特有的水土条件孕育出甘甜的桑果。每年前来该村旅游观光的游客达万余人，桑葚系列商品畅销东北、华北、华东等地区。

(七)十大旅游品牌之灌河生态旅游小镇

灌河生态旅游小镇位于四营乡境内，包括村史文化展览馆、休闲娱乐步行街、现代生态园、民心湖观光、油菜(葵)观赏等，致力成为远近闻名的生态旅游小镇。

(八)十大旅游品牌之华北最具特色的孝道文化园

孝道文化园由经过精心设计的孝亲文化长廊、孝道展馆、孝文化景观、新二十四孝林、孝道讲堂、孝道体验 6 部分组成，以弘扬敬老、爱亲为主题，通过布置展板、播放宣传片和开展文化讲座、孝亲体验等丰富多彩的形式，突出展示中华民族的传统孝道美德。

(九)十大旅游品牌之火柴文化主题公园

火柴文化主题公园由主题入口广场区、火柴文化发展区、火柴荣誉展示区、绿色台地休闲区、滨水生态健步区及休闲活动娱乐区 6 大功能区组成。火柴文化主题公园在 2017 年就景观提升进行了一次招标。设计突出火柴主题文化，保留现状水面面积，在用地范围内建设一座小型展厅，用于展示火柴文化发展和生产工艺，凸显泊头市火柴在近代工业发展中的重要影响，提升泊头市在全国的知名度。

(十)十大旅游品牌之铸造文化主题公园

铸造文化主题公园由铸造文化博览区、铸造发展水景区、工艺活动娱乐区、铸造荣誉展示区及中心草坪休闲区 5 大功能区组成。该主题公园为改善环境，在 2017 年上半年进行招标。设计突出铸造工艺文化，集市民休闲、健身于一体的铸造文化主题公园，展示泊头市悠久精湛的铸造工艺。

六、泊头市经济发展中存在的问题

(一)大运河文化带泊头段建设规划问题

第一，运河沿线居民保护运河意识有待增强。

第二，运河沿线环境亟待整治。

第三，运河内的码头、渡口、沉船点等遗址需要加强保护。

第四，运河无水的问题。

第五，行洪的问题，大运河是泊头市两条行洪河道之一，河道防汛行洪功能不能减，按照防洪规划，大运河泊头段最大行洪流量为 180 立方米/秒。

第六，土地规划调整的问题，由于大运河市区向北，两边各 1000 米内有部分基本农田，需要上级国土部门协调解决，调整规划变成可建设用地。

第七，资金缺乏，泊头市境内运河岸线超过 50 千米，要达到标准化程度，还需要上级部门加大投资力度，才能综合治理好大运河。

(二)产业转型升级迫在眉睫

铸造、汽车模具、环保设备是泊头市工业经济重要产业。泊头市若想做大做强其重要产业，必须引进高端技术和高端人才，加速自身转型升级。在经济保持中高速增长、产业迈向中高端水平的新常态下，泊头市作为老工业基地，要立足产业发展优势，牢固树立创新发展和开放发展的观念，毫不动摇地实施"工业强市"战略，推动工业产品由泊头零件向泊头部件、泊头整机转变，努力打造以机械装备制造业为主体的新型工业化基地。

(三)产业创新力度不够

目前，泊头市的主导产业为铸造、汽车模具、环保设备3大特色产业，仍以传统产业为主，高新技术产业、战略性新兴产业的缺少是阻碍泊头市经济发展的一大难题。泊头市缺少高新技术人才，缺少吸引高新技术企业和高新技术人才的环境。

七、促进泊头市经济进一步发展的建议

(一)大运河文化带泊头段建设规划建议

第一，国家设立大运河专项经费，对大运河进行整体规划治理及沿线文物古迹的维修保护。

第二，由于引黄入淀水都通过南运河，本区域是水源保护地，因此必须调整引黄入淀路线。建议将泊头市南运河调整出饮用水源的保护范围。

第三，大运河泊头段承担着引黄任务，以后南水北调东线也要利用大运河输水，所以大运河饮用水输水线路的功能不能减，饮用水水源保护地不能撤。

第四，建议建设生态绿地景观带，进一步绿化、美化河岸环境。

第五，建议住建部门统一运河两侧禁建区、限建区范围及标准，划定统一管理红线。同时，对运河两侧多少米范围内的建筑给予哪种标准的管理，如建筑风格、建筑高度、容积率限制等。以便在城市规划中给予落位，避免当地的规划管理工作与河道管理发生管控上的不衔接。

第六，加强利用保护大运河相应政策，加大上级部门的投资力度。

第七，近年来，泊头市境内运河经常处于无水状态，加强实施引调水工程，保证全年运河有水，提高改善水生态的层次。

(二)加快升级转型促进发展

1. 改造提升传统行业

(1)铸造产业

一是"做精"，提升铸件质量，提高球墨铸件、轻合金铸件等精密铸件生产比重；二是"做大"，积极发展机床、风电等大型工业铸件；三是"做终端"，重点扶持铸造、机加工一体化的企业，提高整机生产比重，提升泊头市铸造行业核心竞争力。

(2)汽车模具行业

提高模具研发能力，大力发展中高级轿车模具，开发高端汽车市场，向大型化、复杂化、高精度化方向升级转变。同时，发展电子通信产品模具、仪器仪表模具等非汽车类模具产品。

(3)环保设备产业

利用国家加强节能减排工作的战略机遇，加强环保设备技术研发，鼓励企业发展工艺设备除尘和烟气分离技术，提高脱硫、脱硝技术水平，扩大大气除尘设备生产优势，提高水污染和固体废弃物环保设备生产的比重。

2. 培育成长型新型产业

(1)军民结合产业

坚持走产业、园区、企业、项目、平台"五位一体"的道路，完善相关推进措施，在航空航天、舰船用泵、车辆装备、民爆产品、核电配件、军品机械等领域，拓展和延伸产业链条。加强安吉宏业军民融合产学研用示范基地建设，支持帮助瑞恒机械、京泊模具、华恩机械、华元模具等，开发核电配套产品、航空航天设备、发展高分辨率对地观测系统数据应用。

(2)压型机械产业

积极顺应市场发展潮流，推动压瓦机产业提档升级，提高科技含量。鼓励压瓦机生产企业进行产品升级换代，向双层彩钢压瓦机、数控全自动、异型生产设备发展，满足工矿厂房、住宅、钢结构屋架等多领域建设需求。

（3）数控机床产业

以数控机床产业园为依托，以中高档精密机床、高速数控机床整机生产为核心，着力构建集数控核心技术研发、功能部件制造、装配集成、销售维修于一体的产业集群，形成"高、大、精"通用机床和"专、特、稀"专用数控机床错位互补的格局。

（三）坚持创新驱动，提升发展动力

1. 大力推进科技创新

（1）积极搭建创新平台

采取一区多园、总部—孵化基地、整体托管、创新链合作等模式在泊头市建设各类产业园区、创新基地、科技成果孵化基地，建立以科技技术孵化器为基础的众创空间。

（2）明确企业技术创新主体地位

按照以企业为主体、以市场为导向、产学研相结合的技术创新体系模式，选择有代表性的企业牵头，联合相关企业、大学、研发机构，探索建立长期、稳定的合作机制，围绕产业发展需求，构建区域技术创新战略联盟。鼓励有条件的企业建立技术创新机构，开发具有自主知识产权的核心技术和优势技术，提高自主创新能力。对于条件成熟的企业技术研发中心，推荐申报国家、省技术中心。支持骨干企业实施"1＋1"，技改工程，引进国内外新技术、新装备，推动企业技术改造、产品升级。

（3）推进知识产权创造应用

实施企业知识产权管理标准规范化和优势培育工程，搭建银企对接融资平台，推进专利权质押贷款、专利保险和专利股权投资工作。鼓励知识产权申报，提升专利转化运用能力。参与建立京津冀知识产权保护合作联盟，共建区域知识产权保护协作网、专利信息平台和知识产权专家库，交叉许可和共享知识产权。强化知识产权执法维权，开展打击侵犯知识产权专项治理。加大专利资助力度，提升全市专利申请授权数量和质量。

2. 大力推进金融创新

（1）促进科技与金融相结合

充分发挥政府在科技投入中的引导作用，加大对科技型小微企业的扶持力度。对科技型企业实施定制式扶持，根据科技型企业信用等级和成长性进行综合评价，给予金融链整体支持。引导商业银行建立完善的符合科技信贷特点的风险评估、利率定价、收益核算、贷款审批、授信尽职、奖惩约束、人才培训等机制。

（2）建立健全金融创新体系

大力推动金融产品创新和服务创新，加大对实体经济信贷支持力度，认真防范和处置非法集资行为，切实保障金融稳定，满足企业全方位、多层次的金融服务需求。

（3）积极开展保险业务创新

支持保险公司和保险中介根据科技企业按需定制保险产品，鼓励科技企业脱保各类科技保险。拓展"三农"保险广度和深度，推动发展农村小额信贷保险等涉农保险业务。积极发展农业保险，扩大种植业和养殖业农业保险覆盖面，鼓励开展特色优势农产品保险试点。

3. 大力推进人才创新

（1）着力引进高端人才

全面实施"人才兴泊"战略，以规模骨干企业、高新技术企业为主体，坚持引才与引智相结合、专职与兼职相结合、长期聘用与短期服务相结合，多形式、多层次、多渠道引进核心技术人才和创新创业人才。实施科技人才和创新团队创业支持计划，对顶尖人才和团队的重大项目实行"一事一议"，吸引京津高端人才和智力服务向泊头市流动。

（2）完善人才保障机制

对于创业人才，开辟办税绿色通道，加大税收优惠，对创新创业项目提供跟进配套投资和融资担保。改革完善科技人员和科技成果评价奖励机制和分配激励机制，增强科研创新人才经费管理弹性，扩大科研创新型人才（团队）预算管理自主权，增加科研管理方面专业化、社会化、服务型人才配置比例，营造和保持人才创新与创新支持之间的良好氛围。

（3）加强本地人才培养

完善职业培训体系，加强职业学校建设，建立完善的以企业为主体、职业院校为基础、政府推动与社会支持相结合的技能人才培养体系，深化与京津联合培养科技研发和高级管理人才，多渠道、多层次、多形式地开展专业人才培养工作。积极实施人才培养扶持工程，完善人才培养激励措施，培养造就创新型领军人才，加快高技能人才进修深造。

参考资料：

[1]泊头市人民政府网，http：//www. botou. gov. cn，2020-05-18.

[3]张泊生. 泊头市志. 北京：中国对外翻译出版公司，2000.

[4]市情概览，泊头市人民政府，http：//www. botou. gov. cn/article _ com. asp？cid＝267，2020-05-18.

第六章 清河县经济发展调研报告

高永国　赵国华　高子英　魏晶晶　于明辉

摘　要：清河县是大运河河北段的重要节点。本章首先从清河县概况、特色产业、名优产品、重点企业、招商引资、现代农业、特色小镇等方面进行了介绍。其次，分析了清河县发展中存在的问题，包括各行各业缺少有竞争力的企业、支柱产业发展缓慢等。最后，提出了促进清河县经济进一步发展的建议。

关键词：经济概况，特色产业，重点企业，特色小镇

一、清河县概况

(一)清河县的历史沿革

今县境，西周属邢国境，邢灭属卫，春秋时期为晋国地。战国时为赵国辖域。秦代置厝县(故城在今县西北)，属巨鹿郡。西汉时，除厝县外还置有信城县(故城在县西北十二里)、青阳县(故城在县东，今山东省地)和武城侯国(治在今县城关，文帝十二年废)，均属冀州清河郡。

东汉时，厝县改为甘陵县，信城、清阳两县亦省入，同时清河国(建初七年封为国)治迁至甘陵。于建和二年(148年)，清河国改名甘陵国。

三国魏时，甘陵郡和甘陵县均复名清河，一直到晋代，今县境即为清河县辖域(此时之清河县辖域较大，除今清河县境外，还含有今山东省地)，仍属冀州清河国(于西晋咸宁三年封为国)。北魏时，于太和七年(483年)在今县境置斌强

县，属冀州长乐郡。

北齐时，斌强县仍属长乐郡，于天保七年(556年)析清河县西北境设武城县(即今清河县地，治在汉信城县故城)，后又将清河县改置为贝丘县，均属司州清河郡。

隋代，于开皇六年(586年)武城县改名清河县，贝丘县改为清阳县，仍为清河郡辖。斌强县初属长乐郡，开皇三年罢郡隶冀州，大业三年(607年)废州改属信都郡。

唐代，于武德九年(626年)省斌强县入清河县。清阳县于永昌元年(689年)徙治于永济渠东(永济渠为今南运河)，和清河县同隶河北道贝州。五代时，清河、清阳二县仍隶贝州。

宋代，清河县于端拱元年(988年)徙治于永宁镇，淳化五年(994年)又迁治今县城关，和清阳县同隶河北东路恩州(庆历八年贝州改称)。于熙宁四年(1071年)省清阳县并入清河县。入金后，清河县改隶大名府(后为路)。

元代，清河县属中书省大名路(先为恩州，太宗七年改隶)。清代，清河县为直隶省广平府。民国时，清河县于民国二年(1913年)改为大名道，十七年(1928年)直隶于河北省，二十五年(1936年)初划属河北省十四督察区。

1938年9月，创立了冀南区抗日根据地，清河县为其辖地。1941年8月，晋冀鲁豫边区成立，辖冀南区，清河县为冀南区十三专区。抗日战争胜利后，于1945年11月清河县改属冀南区二专区。1949年8月1日，河北省人民政府成立，清河县划归河北省衡水专区。1949年10月1日，中华人民共和国成立后，县政府由城关迁驻葛仙庄。1952年11月7日，撤销衡水专区，清河县改隶邢台专区。1958年12月20日，撤销清河县并入南宫县。1961年7月9日，恢复清河县建制，仍隶邢台专区。1970年，邢台专区改为邢台地区，继辖清河县。1993年7月，邢台地区与邢台市合并，改称邢台市管辖。

(二)清河县经济概况

清河县县域经济发达，号称"中国羊绒之都"。从2013年起，清河县的经济保持了较快的发展，到2017年，清河县地区生产总值达到1535437万元，同比增长4.22%。其中第一产业实现产值57800万元，同比减少约29.8%；第二产业实现产值721296万元，同比增长约0.5%；第三产业实现产值

756341 万元, 同比增长约 12.3%(图 6-1)。

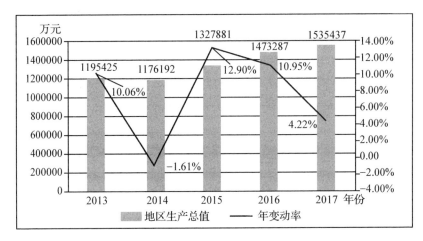

图 6-1 清河县 2013—2017 年地区生产总值及年变动率

数据来源：《河北经济年鉴》

2017 年清河县第一产业占地区生产总值的比重为 4%；第二产业占地区生产总值的比重为 47%；第三产业占地区生产总值的比重为 49%，产业结构得到进一步优化(图 6-2)。

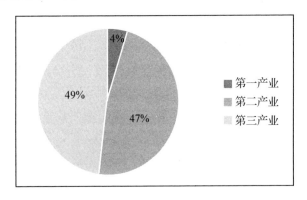

图 6-2 清河县 2017 年第一、第二、第三产业生产总值占地区生产总值的比重

数据来源：《河北经济年鉴》

1. 农业

清河县作为产粮大县，其粮食作物以小麦、玉米为主，全县无论是主要农作物种植面积还是主要农作物产量，一直都比较稳定。2017 年，全县粮食产量达到 330769 吨，油料产量 2166 吨，棉花产量 413 吨，肉类产量 7502 吨。

2. 工业

清河县工业持续健康发展。2017 年年底，清河县规模以上工业企业 120 家，实现总产值达到 1476374 万元，同比下降约 17.68%（图 6-3）。2017 年，清河县全社会固定资产投资总量为 1693610 万元，同比增长约 8.76%（图 6-4）。

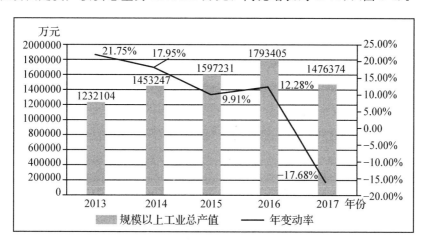

图 6-3　清河县 2013—2017 年规模以上工业总产值及年变动率

数据来源：《河北经济年鉴》

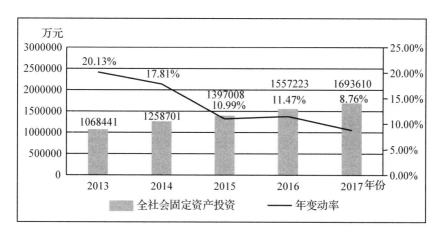

图 6-4　清河县 2013—2017 年全社会固定资产投资及年变动率

数据来源：《河北经济年鉴》

3. 社会消费品零售总额

清河县社会消费品零售总额持续较快增长。2017 年，社会消费品零售总额达到 902527 万元，相比 2016 年增长 10.34%。

4. 城乡居民收入

清河县城乡居民收入稳步提升。2017 年，清河县城镇居民人均可支配收入 27422 元，同比增长约 9.09%，农村居民人均可支配收入为 13762 元，同比增长约 9.01%（图 6-5）。

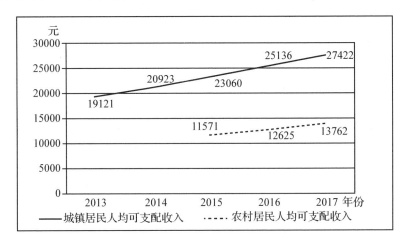

图 6-5　清河县 2013—2017 年城乡居民人均可支配收入

数据来源：《河北经济年鉴》

二、特色产业

（一）清河县特色产业之羊绒业

清河县羊绒产业起步于 1978 年。经过多年的发展，清河已经成为全国最大的羊绒产业集聚地，被誉为"中国羊绒纺织名城""中国羊绒之都"。羊绒被称为"软黄金"，其附加值比传统的羊毛、化纤制品高出一个层次。面对国内国外原材料成本、人力资源成本的迅猛上涨，羊绒制品有着无可比拟的优势，是纺织产业提档升级、摆脱低层次发展困境的最佳载体。清河县羊绒是立县产业，素有"世界羊绒看中国，中国羊绒看清河"之说。清河县省级经济技术开发区的清河国际羊绒科技园区先后被评为"全国十佳民营科技园区"和"中国羊绒民营科技示范园区"。

(二)清河县特色产业之汽摩产业

清河县汽摩产业发展以全国第一批综合改革试点小城镇——王官庄镇为主体,始于20世纪60年代末。经过多年的发展,其产业实力不断增强,20世纪90年代被国家交通部认定为"全国汽摩零部件生产销售基地"。

经过多年的发展,清河县涌现出河北新华汽车零部件集团有限公司、河北宇明工业集团有限公司、河北亿利橡塑集团有限公司等一批在全国同行业中有较高知名度的规模企业。其产品主要与微型车、皮卡、重型卡车、农用车等车型配套,目前与国内近百个汽车生产厂家建有牢固的配套协作关系。另外,清河县还有数千人在外从事汽车配件经销,范围遍布全国各地。近年来,从生产汽车零部件到生产整车,有御捷马电动车项目建成投产,给清河县汽摩配件产业带来极大的拉动作用,清河县汽摩产业正在实现由产业链低端加工制造向专用车、电动车整车及总成高端部件、关键部件研发生产的转变。

未来几年,清河县汽摩产业将继续加大力度引进先进设备和工艺,开发生产总成件、电子件等中高端产品,提高与中高档汽车的配套能力;积极开发汽车整车、电动车,提升产业核心竞争力。

(三)清河县特色产业之耐火材料产业

耐火材料是在1500℃以上高温环境下使用的保温隔热材料,在冶金、化工、石油、机械制造、硅酸盐、动力等领域作为生产设施配套耗材被普遍使用。21世纪初,清河县就已成为初具规模的耐火材料研发和生产基地。该产业拥有搅拌机、粉碎机、液压机、混砂机、高温梭式窑、隧道窑、烘干房等先进生产装备。产品有轻质耐火砖、连铸绝热板、耐火纤维制品、特种耐火材料、不定型耐火材料等系列,销往石油化工、机械制造、玻璃陶瓷行业等领域的企业,出口日本、罗马尼亚、澳大利亚、新加坡等20多个国家。

近年来,耐火材料产业大力实施节能技术改造,实现产业素质与效率双提高。未来几年,耐火材料业将重点搞好陶瓷耐火材料、无碳环保耐火材料等新产品研发,增强产业核心竞争力。

(四)清河县特色产业之合金产业

合金产业包括硬质合金和冶金炉料两大领域。清河县是中国最大的废旧硬质合金及有色金属经销集散地、再生硬质合金加工生产基地，废旧硬质合金经销量占全国的60%以上，并已形成了庞大的销售队伍和辐射全国各地的营销网络，创造了成熟的再生利用技术工艺，与知名大企业集团建立了牢固的协作配套关系。

在硬质合金领域，生产企业主要生产经营品种有再生、原生加工及数控刀具、焊接刀片、各种钻头和滚环、钎具、模具等系列。在冶金炉料领域，生产企业主要生产品种有钼铁、钛铁、镍铁、铬铁、钒铁、脱氧剂等；专业冶金炉料经销企业主要经营品种有钼铁、钛铁、镍铁、铬铁、钒铁、硅铁和钨、钼、钒等。合金产业装备主要有破碎机、锌熔炉、电解槽、压机、烧结炉、真空炉、切割机、磨床和回转炉、中频炉、冶炼炉等。产品主要销往国内装备制造企业、钢厂、特钢厂以及美国、韩国、日本、印度等国家和地区。

近年来，清河县合金产业做出了引进中航重机战略投资者，签约纳米级硬质合金粉末及制品项目等一系列大动作，实现了由初级制品向高端制品的转型升级。未来几年，合金产业将继续大力引进高端数控设备，发展稀有贵重废旧金属再生利用循环经济，推动产品技术含量和附加值提升。

三、名优产品

(一)中国驰名商标——宇明工业集团"野达"商标

河北宇明工业集团有限公司成立于1991年，坐落在河北省清河县工业园区内，是原清河县第三汽车配件厂与重庆大江铃邦汽车配件有限责任公司合资的民营企业。宇明工业集团现下设野达汽摩配件有限公司、交通设施公司、达克罗涂覆公司、北京分公司、沈阳分公司、广西分公司、哈尔滨分公司、济南分公司、保定分公司等机构。本公司是中国北方最大的汽车变速操纵装置、软操纵装置、三踏、驻车制动总成、内饰件、高强度标准件的生产研发基地之一。

本公司主要产品为汽车零部件、汽车内饰件、高强度标准件、紧固件、高速公路护栏等，并通过了 ISO 9002、QS 9000、TS 16949 质量管理体系认证，以及 3C 认证。公司在立足国内市场的同时，积极开拓了国际市场，产品逐步进入了北美、欧盟及亚太领域，出口订单越来越多、越来越大。公司发展到今天就是因为有可靠的质量保证体系，精湛的工艺、技术，先进的生产、检测设备和全体员工拼搏向上的精神，从而赢得了广大客户和同行的青睐，并创出国内名牌——"野达"牌。"野达"牌于 2012 年被认定为中国驰名商标。

(二)河北省著名商标——"锦龙世家"羊绒服饰

河北缔景羊绒服饰有限公司是羊绒衫、羊绒裤、羊绒裙、羊绒披肩、羊绒大衣等产品专业生产加工的公司，拥有完整、科学的质量管理体系。河北缔景羊绒服饰有限公司以诚信、实力和产品质量获得业界的认可。其品牌"锦龙世家"于 2014 年被认定为河北省著名商标。

(三)河北省著名商标——"京维斯"羊绒服饰

在 20 世纪 90 年代，当时市面上充斥着各种伪劣羊绒产品。1999 年 4 月，抱着"为消费者生产最好羊绒线"的坚定信念，新时代羊绒制品有限公司在清河县创立，从此拉开了中国羊绒业一段传奇的序幕。旗下"京维斯"牌羊绒线凭借先进的工艺，优质的绒料，健康的染料，逐渐打响名气，成为羊绒界家喻户晓的明星品牌，畅销全国。"京维斯"牌于 2014 年被认定为河北省著名商标。

(四)河北省著名商标——"ECO-KS"

河北健安门窗密封技术有限公司是一家专业生产门窗密封系列产品的现代化创新型技术企业。防火膨胀密封条系列——健安密封，成功完成了对包覆式密封条的升级，正式推出了科技产品——包覆式防火膨胀密封条。它的问世彻底改变了目前国际上单一防火条的各种弊端，真正做到了集防火与密封于一体，防火性能更加优异。门底密封产品系列——采用高端精密仪器设计开发的门底密封产品系列，包括固定式及自动式门底密封产品。"ECO-KS"于 2014 年被认定为河北省著名商标。

(五)河北省著名商标——"万顺"

清河县万通拉索胶业有限公司生产的"万亨""万顺"两大品牌遍及全国，在全国拥有将近 50 个省级代理商。在中国配套市场方面，公司与中国第一汽车集团有限公司、东风汽车集团有限公司、上海汽车集团股份有限公司、北汽福田汽车股份有限公司等知名汽车厂家建立合作伙伴关系。在贸易领域，清河县万通拉索胶业有限公司与上百家贸易公司有着商业往来，得到客户的一致好评。"万顺"商标于 2014 年被认定为河北省著名商标。

(六)河北省著名商标——"经久"金属

"经久"金属属于河北城大金属集团有限公司。该公司是以钼铁、钒铁、镍铜、镍铁、钒氮等为主要产品的生产企业，拥有一支管理过硬的优秀团队和一套完善的规章制度及操作规程。公司依托当地广大的废旧金属合金市场，重点开发生产以钼、钒、镍铜系列为主导产品的各种铁合金炉料，专业生产加工各类镍铜铸件。"经久"牌于 2012 年被认定为河北省著名商标。

(七)河北省著名商标——"夏日鑫"汽车镜

清河县光盈汽车镜有限公司始建于 1988 年，坐落于清河县工业园区。该公司专业生产汽车镜、后视镜、锌铝压铸件、压铸件、冲压件及工程机械操作钢索，并可按客户要求定做。"夏日鑫"汽车镜于 2012 年被认定为河北省著名商标。

(八)河北省著名商标——"多维康"助剂

清河县多维康助剂有限公司是专业生产纺织化学品的骨干企业。公司以研发、生产高品质的纺织印染助剂，特别是用于羊绒及混纺制品的柔软剂、洗剂、平滑剂为主。多年来，公司依靠强大的技术能力，为客户量身定制所需产品，始终为客户创造价值。"多维康"于 2012 年被认定为河北省著名商标。

(九)河北省著名商标——"实达"密封件

河北实达密封件集团有限公司是一家专业从事汽车、轮船、工程、木门窗用密封条生产的股份制民营企业。集团目前有3个下属子公司，即清河县诚达钢索有限公司、河北实达集团福耀汽车零部件有限公司、清河县金达化工材料有限公司。公司经营的产品有橡胶、塑料密封件、密封圈(垫)、三元乙丙橡胶条、工程用橡胶制品和胶管，空气滤清器、机油滤清器、汽油滤清器，汽车、摩托车等。"实达"商标于2012年被认定为河北省著名商标。

(十)河北省著名商标——"衣尚"羊绒

该品牌精选羊绒优选辅料，设计人性化，三维立体剪裁，精工细作，品质至上。"衣尚"的每一件羊绒衫，均源自高寒地区纯种山羊粗毛根部长出的那一层薄薄细绒，极其珍贵，至少5只山羊的净绒，才够做一件羊绒衫。"衣尚"于2012年被认定为河北省著名商标。

(十一)河北省著名商标——"凯旋"密封件

河北凯旋密封件有限公司主要生产各类车船密封条、胶条、橡胶管、电柜密封条、自粘密封条、建筑门窗幕墙密封条、汽车用空调管、暖风胶管异形胶管系列、螺旋保护套等。公司具有多年密封条生产的经验。为保证产品质量，公司于2004年7月顺利通过ISO 9001质量管理体系认证。"凯旋"牌于2014年被认定为河北省著名商标。

(十二)邢台市知名商标——"新锐"密封件

"新锐"密封件属于河北新锐密封件有限公司，它的研发与制造采用了全程数据化作业，缩短了新品研制周期，将更好的产品更快捷服务于客户。公司所生产的产品将逐步与国际标准接轨，因为公司借助现代化的数据处理系统和技术，将客户的需求变为现实。"新锐"于2013年被认定为邢台市知名商标。

（十三）邢台市知名商标——"雪绒兔"羊绒

河北泰兴羊绒纺织有限公司经营范围包括精纺羊毛、纱、亚麻线、粗纺毛纱、纺织用弹性纱。"雪绒兔"于2014年被认定为邢台市知名商标。

（十四）邢台市知名商标——"贝龙"

贝龙羊绒制品有限公司成立于1995年。贝龙羊绒制品有限公司主要面向全国市场，客户群为专卖店。公司经营模式为生产加工，不断提升企业的核心竞争力，使企业在发展中树立起良好的社会形象。"贝龙"牌于2014年被认定为邢台市知名商标。

（十五）邢台市知名商标——"北国娇"羊绒

河北雅创羊绒服饰公司创立于2002年。开始，公司只在清河县城有一家店铺；如今，公司的代理专卖店遍布北京、上海、广州、江苏、浙江、河南等地。公司品牌"北国娇"于2014年被评为"中国服装成长型品牌"。

（十六）邢台市知名商标——"温友"纺织品

河北省清河县超越毛纺织品有限公司位于清河县黄金庄镇工业区，是一家生产羊绒制品的企业。主营羊绒纱线、羊绒裤、羊绒纱、羊绒衫、羊绒。河北省清河县超越毛纺织品有限公司本着"客户第一，诚信至上"的原则，与多家企业建立了长期的合作关系。"温友"牌于2012年被认定为邢台市知名商标。

四、重点企业

河北御捷车业有限公司

河北御捷车业有限公司成立于2009年5月，拥有具有轿车生产工艺的冲压、焊装、涂装、总装4大车间，是国内首个集开发、制造、销售、服务四位于一体并具备大批量生产全封闭三轮摩托车和电动汽车的专业厂家。

公司采用轻量化设计理念，自主研发电力驱动系统，悬挂系统，噪声、振动与声振粗糙度（Noise Vibration Harshness，NVH）系统等核心系统，获得 60 多项专利技术，先后取得多项国际认证。在碰撞测试中，一次性通过乘用车正面碰撞乘员保护检测和侧面碰撞乘员保护检测。

河北亿利橡塑集团有限公司

河北亿利橡塑集团有限公司成立于 1998 年，2003 年组建集团，是一家专业生产空气滤清器进气系统模块、SCR 尾气后处理系统、变速操控软轴、滚塑尿素罐、水箱、柴油滤清器、机油滤清器、汽车空调滤芯、智能家居信封净化机、耐高温滤袋产品、工业除尘产品、高铁地铁过滤系统等几大类型产品的大型企业集团，是全国 60 多家汽车主机厂和工程机机械制造的配套产品供货商，市场服务网络遍布全国。

公司对进气系统、操作系统和 SCR 尾气后处理系统的设计、制造有丰富的经验，并长期与一汽集团技术中心合作，联合开发研制用于新车型及换代卡车系列的进气系统产品和操纵软轴产品；已形成"新产品开发、原材料测试、模具设计、产品成型"的一条龙生产模式，空气滤芯器产品始终处于国内领先水平。公司的生产设备齐全，拥有先进的产品试验和检验设备，并获得"省级技术中心"的资格。公司已经建立比较完善的质量保证管理体系，"亿利旺德福"商标在 2007 被认定为河北省著名商标，在 2013 年被评为中国驰名商标。

河北浩丽羊绒科技有限公司

河北浩丽羊绒科技有限公司位于清河经济开发区，注册资本为 2000 万元人民币。它的前身为清河县红太阳羊绒制品厂。

河北永昌密封件有限公司

河北永昌密封件有限公司是国内生产密封件的骨干企业，主要生产各种汽车密封件、密封条、挡水条、泥漕、车门压条、成型海绵条、胶管、软轴、胶垫等。

河北凯达密封件有限公司

河北凯达密封件有限公司位于清河县城西小屯工业区邢清公路南侧，距京九铁路 15 千米，交通便利。公司主要生产各类车船密封条、胶条、橡胶管、电柜密封条、塑钢门窗密封条、建筑门窗幕墙密封条、汽车用空调管、暖风胶管异形胶管等，具有多年密封条生产的经验。

公司拥有国内先进的四复合生产线、三复合生产线、单挤出生产线和空调管生产线等。公司产品分 4 大类，已具备了与轿车、重型车、轻型车、微型车全车配套的能力。

河北成大金属集团有限公司

河北成大金属集团有限公司地处河北省邢台市清河县。根据经营生产需要，河北成大金属集团有限公司设置多个职能部门，包括经理室、财务室、行政办、技术部等。在发展过程中，这些部门共同造就了一支结构合理、业务精通、技术精湛、勇于开拓创新且忠诚度高的人才队伍，使公司从小变大、由弱至强，成长为行业的一个实力派"小巨人"。

河北泰兴羊绒纺织有限公司

河北泰兴羊绒纺织有限公司位于清河县。公司始建于 1994 年，占地面积 109 亩。公司已通过 ISO 9002 质量管理认证体系，其产品除国内销售外，还远销至意大利、德国、韩国等国家，并以优异的质量和诚信周到的服务赢得了国内外客户的广泛赞誉。

河北宇明工业集团有限公司

河北宇明工业集团有限公司主导产品是制动踏板、离合踏板、油门踏板、驻车操纵手柄、变速器、变速箱操纵总成、全车拉索、内饰地铺总成、顶棚总成、高强度标准件等，先后为多家大型主机厂生产配套产品。其中制动、离合、油门三踏板及驻车操纵手柄总成和选换档软轴总成被广泛用于各配套厂的中高级轿车。高强度标准件、紧固件出口欧洲、北美洲等地区。公司"野达牌"商标已被国家工商总局商标局认定为中国驰名商标，被沈阳金杯评为"A级免检产品"，企业被省科技厅评为"河北省高新技术企业"。

河北奥莱克绒毛制品有限公司

河北奥莱克绒毛制品有限公司是清河县规模较大的羊绒深加工企业。公司新厂区坐落于清河经济开发区，具有较强的生产和设计能力。公司已成为河北省乃至全国较大型的纺织企业、河北省工商局认定的河北省重点企业，注册商标有"奥莱客""郎氏""绒之恋"。

河北新华欧亚汽配集团有限公司

河北新华欧亚汽配集团有限公司成立于 2003 年 12 月，是在原河北新华橡胶密封件有限公司的基础上组建的。新集团公司坐落于河北省清河县城西新华工业区。其下属公司有清河欧亚汽配有限公司、清河晨光汽配有限公司、金英塑胶制品有限公司、天禾实业有限公司4个子公司。新华欧亚集团以良好的职工素质和高度的质量意识，以及严格的质量管理和现代企业的技术实力使其在市场竞争中具有雄厚实力，拥有从配方到模具设计与开发、从原材料的检测到成品生产制造等一整套科研生产体系。公司已成为中国汽车制造业重点配套厂家。

五、招商引资

(一)青阳新区

青阳新区是清河县2016年县委、县政府推进产城融合突破发展的一项重大战略举措。清河县今后将全力打造"一城、两区、三小镇、四基地"："一城"，即冀东南区域中心城市；"两区"，即青阳新区和经济开发区；"三小镇"，即羊绒小镇、山楂小镇、贝州古镇；"四基地"，即中国时尚羊绒制品研发产销基地、中国新能源汽车和高端汽车零部件研发制造基地、中国战略性稀有金属循环利用示范基地、新一代信息技术产业基地。

青阳新区位于清河县城西部，规划面积100平方千米，青阳新区将按照百年的目光、百年的标准，建百年基业的要求，以打造智慧之城、森林之城、海绵之城、文明之城、创新之城为宗旨，全力将新区建设成为产业转型升级的战略平台、产城教融合发展的实验区、京津冀协同发展的特色微中心。

(二)青阳新区规划架构

青阳新区规划架构为"一核、三组团"，即核心区、产业组团、教育组团和旅游特色度假区组团。

核心区是以清水河为中心的核心建设区。核心区以280亩水面的清水湖为节点，重点打造城市生活港，规划建设有城市博物馆与美术馆、城市规划馆与图书馆、金融商业街、文化街、美食街和9个主题公园等。

产业组团依托清河经济开发区，将成为清河县经济建设的主战场。未来产业组团将大力促进羊绒、汽配、稀有金属等特色传统产业转型升级，并大力培育战略新兴产业，推进新能源汽车科技园、德国汽车工业园、金融产业园、电子商务产业园、科技产业园、新兴产业创业园、小微企业创业园等建设，搭建新的经济发展高地。

教育组团定位为职业教育改革创新示范区、科技成果转化创新示范区，将建成园区管理中心、职业教育国际交流中心、公共实训中心、公共图书馆和体育中心等公共设施。教育组团将全力促成传统教育中的初中、高中逐步向教育园区聚集；重点发展职业教育，建立研究生基地；为新区提供专业性强，层次高的智力、技术、科技型人才。积极推动科技成果转化，最终实现优质教育资源的聚集效应和教育规模的品牌效应。

旅游特色度假区组团。清河县旅游特色度假区位于清河县北部，与县城接壤，规划面积35平方千米。依托隋唐古运河、贝州古镇等历史资源和万亩山楂林、清凉江水系等自然资源和武松文化、张氏文化等文化资源进行打造。依照大生态、大文化、大产业、大健康的规划理念，整体规划结构为"绿面、蓝环、三轴、三小镇"，重点打造"羊绒小镇、贝州古镇、山楂小镇"三大片区，将清河县旅游特色度假区打造为文化开发、生态建设、美丽乡村、医疗养老、休闲度假、时尚羊绒六位一体的国家级北方特色小镇、国家级旅游特色度假区。

六、现代农业

清河县坚持以新型农业现代化为目标，以农业功能化拓展为基础，以农业园区建设为载体，以农业品牌化为支撑，突出新型农民创业创新致富，突出都市型高效生态农业定位的发展目标。努力把清河县打造成京津冀绿色食材供给区、冀鲁豫食品加工新兴县、冀东南休闲农业首选地。

七、特色小镇

(一)特色小镇之贝州古镇

贝州古镇有以打虎英雄和金瓶梅传说为蓝本，围绕青阳湖展开建设的以隋唐古运河、贝州文化遗址为背景的宋城影视基地；有集休闲、养生、健身、生态旅游、娱乐于一体的温泉度假村；有以水体文化、娱乐休闲为主要功能的水上游乐园；有供游客体验、休憩、运动、游玩的百果园及绿茵廊等文化休闲项目建设。

(二)特色小镇之羊绒小镇

清河县羊绒小镇已初具规模,鄂尔多斯、鹿王、恒源祥、兆君、皮皮狗、珍贝等国多知名羊绒服饰品牌已入驻。小镇每年吸引北京、天津、石家庄、济南等地的20多万名游客前来旅游购物。清河县羊绒小镇是河北省工农业旅游示范点、河北省十佳工农业旅游景区、国家3A级景区、中国服装品牌孵化基地和国家级电子商务示范基地。

(三)特色小镇之山楂小镇

山楂小镇以马屯两万亩山楂林生态资源为依托,大力发展以山楂花摄影节、山楂果采摘节为主题的美丽乡村生态游。以山楂树之恋、乡村风土人情、自然生态休闲以及特色农家小院等为主题的观光游,让人们切身体验乡村、尽享自然的惬意之情。小镇将陆续建成中国山楂博物馆、中国山楂研发检验中心、中国山楂文化产业园等一大批体现地域特色、展示山楂文化产业的设施,逐步建成集种植、加工、储运、销售于一体的山楂产业集群。目前,以山楂为主题的特色产品已远销国外多个国家和地区,极大地带动了当地乡村旅游、文化创意等产业的蓬勃发展。

八、清河县经济发展中存在的问题

(一)各行各业缺少有竞争力的企业

清河县公司众多,但规模较小,呈现多而杂的现状,在市场上缺少竞争力。清河县中国驰名商标数量少,在河北省各县的比较之中是没有优势的。另外,清河县各个企业大部分为家族企业,思想观念比较保守,只是着眼于自身的发展,在对于人才的吸引方面,更看中经验而非文化水平;各个群体之间缺乏良好的互动以及群体内各个公司的无序竞争(销售时的相互杀价等),以及缺少创新能力等,从而给清河县整个产业的快速发展带来了阻碍,这些都导致企业的发展进程缓慢。

（二）支柱产业的发展变缓

羊绒产业是清河县的支柱产业，但近几年来发展变缓。清河县羊绒制品大多以贴牌生产的身份进入国内外市场，实际上清河县是国内外企业的原料和加工车间，自主品牌的缺失使清河县羊绒企业的竞争力和利润大打折扣。金融危机使羊绒企业受到严重冲击，在一定程度上是长期品牌缺失酿成的"苦果"，从而导致清河县羊绒在市场终端销售上受制于人，形成"有市无场"的状态，使市场成为制约清河县羊绒产业发展的瓶颈，并且这一问题随着羊绒深加工规模的扩大日益显现。

（三）电子商务发展出现问题

首先，人才问题。清河县电子商务是独特的"草根"创业模式，但随着电商的发展，草根创业者的内在能力已经完全不能跟上外部环境的变化。

其次，服务问题。清河县已经建立了大型物流园区，但如何实现其高速运转还需进一步努力，电子商务总体处于服务供不应求的状态。清河县发展的电子商务主要依托的是当地的羊绒产业，在羊绒产业上有资源优势、产品优势，但没有品牌优势，在此基础上发展的电子商务都会在一定程度上受到限制。

九、促进清河县经济进一步发展的建议

（一）增强企业竞争力，提升品牌知名度

提升企业的自主创新能力。企业是科技创新的主体，在创新体系建设中处于关键地位，企业要从产业链、价值链的低端走向高端，就必须增强自主创新能力，拥有自主知识产权和核心技术产品。按照效率优先原则，着力提升政府效能，进一步推动政府职能从管理向服务转变，以更好地为企业发展服务。

（二）改变清河县羊绒发展模式

着眼于未来发展，清河县羊绒产业发展的总体方向应确定为：以结构调整为主线，以技术创新为重点，以人力资源为根本，以园区建设为载体，以羊绒制品市场为龙头，巩固提升初加工，全力发展深加工。初加工以山羊绒

为主，大力发展绵羊绒等多种纤维，生产精品羊绒，构筑集约化、规模化、专业化、区域化生产格局；深加工围绕"扩规模育龙头、创名牌拓市场"两大重点，全力发展以织衫为主的制成品，稳健发展纺纱织布。终结清河县羊绒产业"有市无场"的历史，从根本上改变清河县羊绒发展模式，形成市场展示厅与创业园生产基地相互联动的发展格局。

（三）确保电子商务的健康发展

1. 政府出台政策支持，扶持电子商务的发展

清河县已经出台了一系列相关政策，并取得了一定的成就。但随着电子商务市场竞争越来越激烈，仍需要县政府给予大力支持，进一步强化已取得的成就。

2. 加快人才队伍建设，实现电子商务人才聚集

清河县目前存在几个培训机构以支持网商的发展，但要注重知识的更新和技术的升级。

3. 加快电子商务服务体系建设

企业在致力于品牌创新、扩大品牌效应的同时，要注重电子服务市场建设。政府要高度重视电子商务园区的建设和使用，充分发挥园区一体化带来的规模效应。

（四）完善基础设施

基础设施建设的完善与否，是城乡一体化建设的缩影。强化乡村水、电、道路等基础设施的建设与公共设施的配套。建立完善的生活垃圾收集、清洁和垃圾处理体系，固体废物定点收集和定点填埋，使固体废物达到无害化、兼容化和资源化。多加采用人工湿地、土壤净化槽、土地渗透等，建设无动力生活污水设施，处理后的污水就地灌溉利用。

（五）健全公共文化服务体系

建立健全以政府为主、社会力量参与的投入机制，鼓励社会力量兴办文化事业。推动文化体制改革，健全互联网管理体系和工作机制，促进传统传媒和新型媒体深度融合。加强文化发展建设，完善内部运行机制，推动文化行政部

门职能转变，增强文化事业发展活力。大力实施文化惠民工程，规划建设清河县科技馆，继续抓好体育馆、图书档案文博馆等工程建设，以大型文化公共设施为骨干、社区和基层文化设施为基础，建立健全公共设施网络，打造"15分钟文化服务圈"，加强基础文化阵地和队伍建设，开展丰富多彩的文化活动。

（六）坚持绿色低碳发展

1. 持续推进大气污染防治行动

深化污染减排，加强重点行业大气污染治理，开展扬尘综合治理，试点推行烟尘、挥发性有机物总量控制，实行重点行业特别排放限值。积极推进天然气管道铺设、燃煤治理与清洁高效利用、集中供热等重点工程。全面取缔所有城区集中供热管网和天然气管网覆盖区域内的燃煤小锅炉。

2. 生态造林，加强绿化建设

实施林业重点工程，实现林业跨越式发展。科学抚育更新，推进结构调整，建立起完备的森林生态体系和较发达的林业产业体系，建成生态安全，四季有景的绿色清河。

（七）全方位，高水平，扩大对外开放

提高招商引资质量和效益。坚持把招商引资作为清河县经济发展的重要抓手。继续完善招商引资和项目建设目标管理制度、优惠和激励政策，强化能力、财力和物力保障，提升服务水平，整体承接一批优质产业和企业，真正招引一批立产立县的大项目和好项目。明确招商方向，重点瞄准长三角、珠三角、京津等重点目标区域目标产业和企业。创新招商方式，大力开展产业招商、定向招商和以商招商，提高招商精准度，突出招商目标，紧盯央企等国内外知名大企业、大财团投资动向。

参考资料：

[1]清河县地方编纂委员会.清河县志.北京：中华书局，2011.

[2]清河县人民政府网，http：//www.qinghexian.gov.cn/，2020-05-18.

[3]清河县人民政府，清河县人民政府工作报告(2015—2017).

第七章 大名县经济发展调研报告

高永国　赵国华　王思凯　张伟艳

摘　要： 大名县是大运河河北段的重要节点。本章首先从大名县的概况、特色产业、名优产品、重点企业、招商引资、现代农业、美丽乡村等方面进行了介绍。其次，分析了大名县经济发展中存在的问题，包括创新能力不足、城乡贫富差距大、产业结构不合理等。最后，提出了促进大名县经济进一步发展的建议。

关键词： 经济概况，特色产业，重点企业，现代农业，美丽乡村

一、大名县概况

(一)大名县的历史沿革

春秋战国时期魏文侯七年(前439年)，魏文侯得到了邺地。至其子魏武侯时，将邺作为别都。魏武侯将今大名县境内一块属地作为其公子元的食邑。汉高祖十二年(前195年)因这里曾是魏地，所以以邺地为中心设立魏郡。又因今大名一带曾是魏公子元的食邑，所以建县时以元城县名之。西汉后期汉宣帝在位时，元城县委粟里少女王政君被选入后宫，许配给太子，汉元帝初元元年(前48年)，被封为汉元帝的皇后，称孝元皇后。三国时期魏文帝黄初二年(221年)，元城县成为阳平郡的郡治所在。南北朝时期北魏太和二十一年(497年)，复置贵乡县，后又省。东魏天平二年(535年)，分馆陶西界复置贵乡县。此时，元城、贵乡、魏县均属魏尹。

北齐天保七年(556年),魏县及元城县俱废,并入贵乡县。隋开皇六年(586年),元城县、魏县从贵乡县分出复置,并从元城县分出一部分设马陵县,均属魏州。唐武则天圣历二年(699年),分贵乡县复置元城县,贵乡、元城、魏县均属魏州。唐乾元元年(758年),复改为魏州。唐建中三年(782年),田悦改魏州为大名府,这也是"大名"被用作地名之始。五代十国时期,后梁承袭唐制。后唐同光元年(923年),升魏州为东京兴唐府,改贵乡县为广晋县。后唐同光三年(925年),改东京兴唐府邺都魏州。后晋天福二年(937年),改兴唐府为广晋府,改兴唐县为元城县。后汉乾祐元年(948年),改广晋府为大名府。北宋初期,承袭前制。稍后,元城县、大名县、魏县先属河北路,后属河北东路大名府,称之为"北京"。熙宁六年(1073年),大名县并入元城县。绍圣二年(1095年)复置大名县。金时期大名县、元城县属大名路大名府。元大名县、元城县属中书省大名路。元至元二年(1265年),省元城县入大名县,不久复置元城县。明大名县、元城县属中书省大名府。明洪武十年(1377年),省大名县入魏县。洪武十五年(1382年)复置。清初承袭明制。清顺治十六年(1659年),大名县、元城县属直隶行省大名府。乾隆二十三年(1758年),省魏县,306个村归大名,31个村归元城。民国年间,大名县、元城县属直隶冀南道。1940年,政府溃散。1945年3月,山东省朝城县的张鲁、王奉两个区并入元城县,元城县改为元朝县。1945年7月,划城区及周围建大名市。此时,市、县分设,属冀南三专区。1946年,降大名市为县辖市。1949年8月,改为城关区,同时废元朝县,将元朝县的张鲁、王奉两个区划归山东莘县,其余全部并入大名,此时大名县属河北省邯郸专区。1958年10月,废魏县入大名县。1960年5月,撤邯郸专区,大名县改属邯郸市。1961年5月,恢复邯郸专区,大名仍属之。1961年6月,魏县从大名分出复置。1970年,邯郸专区改称邯郸地区、市合并,称邯郸市,大名县属邯郸市至今。

(二)大名县经济概况

2017年,大名县地区生产总值为1368900万元。其中,第一产业实现产值242375万元,占地区生产总值的比重为18%;第二产业实现产值528815万元,占地区生产总值的比重为38%;第三产业实现产值597710万元,占地区生产总值的比重为 44％（图 7-1、图 7-2）。

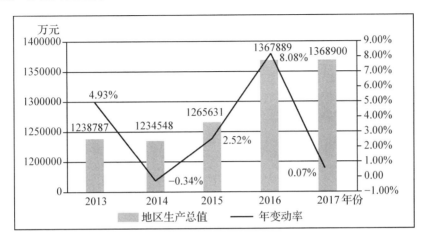

图 7-1　大名县 2013—2017 年地区生产总值及年变动率

数据来源：《河北经济年鉴》

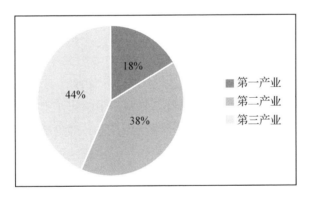

图 7-2　大名县 2017 年第一、第二、第三产业生产总值占地区生产总值的比重

数据来源：《河北经济年鉴》

1. 农业

　　大名县是典型的平原农业县，农业基础良好，粮食产量稳定。2017 年，全县粮食总产量达到 756385 吨，同比增长约 2.60％（图 7-3）。其中，小麦种植面积 85.28 万亩，亩产 474.58 千克，总产 404700 吨；玉米种植面积 62.8 万亩，亩产 531 千克，总产 340100 吨，实现持续增产。油料产量 81177 吨，同比减少约 8.7％，肉类产量 59808 吨，同比减少约 27.1％。

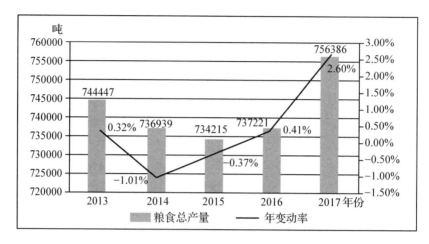

图 7-3 大名县 2013—2017 年粮食总产量及年变动率

数据来源：《河北经济年鉴》

2. 工业

大名县近年来工业经济持续健康发展，产业特色鲜明。县城东部省级经济开发区由"三园"组成，包括京府工业园、城西工业园和装备制造园。京府工业园实现"八通一平"，是邯郸东部最大的产业聚集平台，涵盖食品加工、环保包装、纺织服装3大主导产业和新材料、新能源、节能环保、生物医药、先进装备制造等战略新兴产业。城西工业园以精细化工产业为主。装备制造园以门业等装备制造为主，均实现"五通一平"。一批市场前景好、产业关联度高、辐射带动能力强的项目相继入驻，为加快建设邯郸东部工业强县集聚了强劲动力。

截至 2017 年年底，大名县规模以上工业企业达到 88 家，完成总产值1996696 万元，相比 2016 年，增长约 6.69％(图 7-4)。

3. 全社会固定资产投资

大名县从 2013 年起，全社会固定资产投资连续 5 年保持增长，年均增长率约为12.06％。2017 年，全社会固定资产投资完成 1947103 万元，同比增长约 5.02％(图 7-5)。

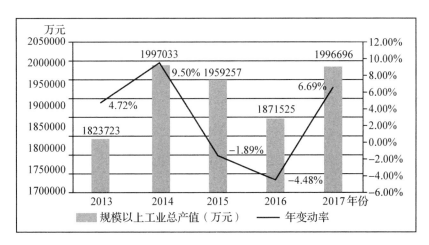

图 7-4 大名县 2013—2017 年规模以上工业总产值及年变动率

数据来源:《河北经济年鉴》

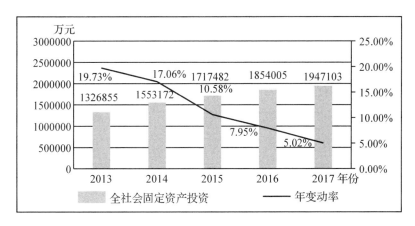

图 7-5 大名县 2013—2017 年全社会固定资产投资及年变动率

数据来源:《河北经济年鉴》

4. 社会消费品零售总额

2013—2017 年,大名县社会消费品零售总额保持了连续增长态势。2017年,社会消费品零售总额实现 865400 万元(图 7-6)。

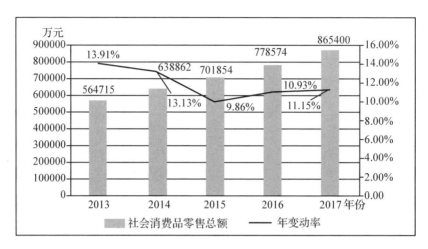

图 7-6　大名县 2013—2017 年社会消费品零售总额及年变动率

数据来源：《河北经济年鉴》

5. 城乡居民收入

随着经济的快速发展，城乡居民收入快速增长，人民生活水平进一步提高。2017 年，农村居民和城镇居民人均可支配收入分别达到 11935 元和 26449 元（图 7-7）。

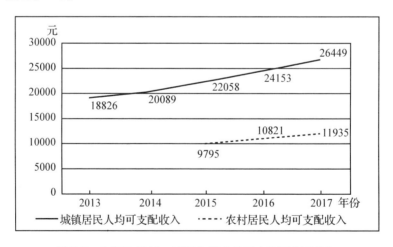

图 7-7　大名县 2013—2017 年城乡居民人均可支配收入

数据来源：《河北经济年鉴》

二、特色产业

大名县资源丰富，气候宜人，盛产小麦、花生、玉米、大豆、棉花、谷类、薯米等，其作物以产量大、品质优而享誉国内外，是国家及河北省小麦、花生、瘦型猪养殖基地县。全县林果品种繁多，尤以李子著称，质地优良，果品加工大有可为。大名县委、县政府按照"扩大花生、调优蔬菜、发展养殖"的总体思路，农业结构调整力度不断加大，目前，大名县已形成了花生、面粉、蔬菜、养殖等主导产业格局。

(一)大名县特色产业之面粉产业

大名县小麦种植面积大，统一供种率、优良率高。小麦的丰产丰收为面粉加工提供强大的原料保证。为带动基地发展，全县重点扶持建设一批规模大、科技含量高的、对整个产业牵动力大的龙头企业、龙头市场。作为面粉行业龙头的五得利面粉集团有限公司，属全国面粉加工企业三强，名列全省第一。其面粉产品有高筋富强粉、高筋特一粉、特精粉、雪花粉、通用粉等，畅销河北、山西、内蒙古、北京、天津等地，并出口俄罗斯、朝鲜等国家。

(二)大名县特色产业之香油业

小磨香油是大名县著名食品，中华老字号。如今，大名小磨香油全国闻名。河北省大名县已成为全国名气大、销售多的小磨香油加工地，年产香油占全国香油总量的1/4，是名副其实的小磨香油之乡。

大名小磨香油于清代光绪四年(1878年)开始在大名县城出现，第一家作坊的主人是南关杨殿魁，他由做勤行生意改为磨香油。当时，他从山东东昌府请来一位磨油师傅，合伙在大名城内西街(与羊市街口相对处)开设了香油坊。此人极善经营生意，除每天走街串户零售香油外，他还天天往饭铺、包子铺赊销送油，给各铺立下账册子，定期算账。这样一来，小磨香油在大名逐步普及开来。售油量由少到多，每天可售出六斗芝麻(每斗芝麻二十四斤)的香油。杨殿魁家靠经营小磨香油赚了钱，磨油技师干了三年要辞业回家。走时，杨殿魁带着礼物盘费一路送行。磨油技师受了感动，至半路途中，将磨油秘诀告诉了他。杨殿魁回来后，掌握了技术，就独立经营小磨香油坊，此技艺流传至今。杨家第五代传承人杨东江，2003 年 3 月在大名县城东香油城开办了大名县大名府香油调味品有限公司，杨家的香油坊由单户小作坊式经营，走上了机械化、规模化、集团化经营之路。

继杨殿魁开办首家香油坊后，其西邻王家后来建起了西大街王家老香油坊，现已传承四代。王家香油第三代传人王维新和其子第四代传人王增生，用传统石磨制取香油（俗称"水代法"），众人皆称其家香油"地道"。

大名小磨香油另一起源是在大名西北儒家寨。世代以磨香油为业的儒家寨东街村民张俭的先祖，明朝永乐年间从山西迁民过来时带来磨香油石磨，在儒家寨开办张家香油坊。张家当时制作的小磨香油"香飘五里"，人称"五里香"。明嘉靖年间经大名在朝为官的吏部侍郎吕本忠推荐，张家"五里香"小磨香油向皇上进过贡，深得嘉靖皇帝赞赏。

(三)大名县特色产业之花生产业

大名县花生种植面积大，花生龙头市场——南李庄花生市场已成为长江以北最大的花生集散地之一。2000 年 7 月，大名县又将南李庄花生市场扩建成更具规模、更上档次，管理更规范、更科学的现代"花生商城"。花生深加工项目更是品种繁多，大名县花生筛选厂、比那特饮料食品有限公司、康威食品有限公司、名龙食品有限公司等企业生产的产品花生米、花生露、烤花生、开心豆已打入德国、日本、新加坡等地的市场。随着大名县花生集团的组建，大名县花生已走上深圳国际粮油贸易网和北京国内粮油贸易网。大名县花生已成为全省闻名、全国知名的一大特色产业。

(四)大名县特色产业之酿酒业

大名县酿酒历史悠久，酒文化博大精深，源远流长。相传，唐代万岁通天年间，州官狄仁杰将大名酿制的酒品作为贡品献入皇宫，由此，大名酿制的酒品被列为御酒，取名为狄留酒。后来，狄仁杰遭陷害，酒家怕株连自己，将酒名改为滴溜酒，直至清代还有酒坊酿制，清代李汝珍《镜花缘》所列的 50 余种名酒中就有大名滴溜酒。民国期间已失传，1951 年，组建大名县酒厂。1983 年，酒厂挖掘传统工艺，开始试制此酒，当年获得成功。

大名滴溜酒采用传统浓香型工艺酿制而成。大名滴溜酒属浓香型白酒，酒液无色、清澈透明，芳香浓郁，香味协调，酒体醇正，绵甜柔和，回味悠长。大名滴溜酒于 1987 年被评为河北省优质产品。

（五）大名县特色产业之养殖产业

大名县养殖业是继面粉、花生、蔬菜 3 大产业之后发展起来的第 4 大产业。养殖品种有：牛，如南阳黄牛、鲁西牛、西门塔尔牛、冀南黄牛等品种；羊，如南有大尾寒羊、新疆羊、奶山羊和平地山羊等品种；猪，如巴克夏猪、长白猪、杜洛克猪、保定黑猪等品种；兔，如虎皮黄兔、比利时兔、肉兔等品种。大名县已建成以冀南牛业有限公司、金滩镇赛达养殖场等养殖龙头企业，辐射带动了一批养殖大户的发展。大茂食品有限公司生产的小鸡炖蘑菇、大名府五香牛肉、凤爪等深受国内外消费者的青睐，其产品供不应求。邯郸正大饲料公司、邯郸市食品出口公司大名冷冻厂等吞吐量日益加大，有力地拉动了大名县养殖业的发展。

（六）大名县特色产业之蔬菜产业

大名县蔬菜种植面积大，已建成的"万亩蔬菜基地"被列为改良大蒜出口基地，并且基地的新、优、特、稀等品种大棚菜种植面积大幅度增加。全县建成脱水蔬菜加工企业产品有胡萝卜粒、白萝卜丝等 4 大系列 10 余个品种，远销日本、韩国、加拿大等 10 余个国家。脱水菜集团公司每年都与农民签订蔬菜市场保护价收购合同。

三、名优产品

（一）中国驰名商标——"五得利"面粉

五得利面粉集团有限公司始建于 1989 年。创业伊始，公司创始人就提出了"五方得利"的经营理念，"五得利"即客户得利、农户得利、员工得利、国家得利、企业得利。它既是公司名称，也是公司经营方针、办厂宗旨，还是产品品牌。公司把五方有机地组成一个利益共同体，走出了一条客户愿买、农户愿卖、员工愿干、国家鼓励、公司发展的具有五得利特色的产业化发展之路。2016 年 8 月，五得利面粉集团有限公司跻身于 2016 中国企业 500 强之列。

(二)国家非物质文化遗产——草编

草编是流行于河北大名县域及周边地区的一种传统家庭编结手工艺。草编多以麦秆为原料,制作草帽、提篮等物品。草编手工艺在大名县流传久远,大名县素有"草编之乡"之称。据说,草编工艺已有约 1500 年的历史,清朝雍正年间传入大名县境内,起初流传于西付集乡朱家村一带,后普及卫东地区。用麦秸掐辫手艺遂至千家万户,后逐渐遍及全县及周边地区,成为广大农村地区的一项经济来源。改革开放后,草编工艺师在传统工艺的基础上结合现代先进技术,增加了服饰、提袋、茶垫、坐垫、地席、门帘、果盒、纸篓、拖鞋等。全县现已开发产品千余种,特别是草编服饰系列产品为各界人士所珍藏,深受时装模特和专家青睐。大名县草编工艺品远销亚洲、欧洲、美洲的 10 多个国家和地区。2006 年,大名县草编手工技艺已被列入河北省首批非物质文化遗产保护名录;2008 年 2 月,被列入国家级非物质文化遗产保护名录。

(三)河北省非物质文化遗产——"小磨"香油

大名县大名府小磨香油以芝麻为原料,用石质小磨和独特的传统技艺加工而成,品味纯正,居食用油之首。目前,大名府上万座小磨香油作坊遍布全国,可谓"大名小磨香油,油香磨小名大"。大名县已成为全国香油名气大、销售量多、销售范围广、从业人员多的小磨香油加工县。

(四)河北省非物质文化遗产——"二毛"烧鸡

"二毛"烧鸡创业于清嘉庆十四年(1809 年)。因第一代开业人王德兴诨号"二毛",故俗称"二毛"烧鸡。"二毛"烧鸡的色、香、味、形、质量俱佳。2008 年,"二毛"烧鸡被列入河北省非物质文化遗产名录。

(五)河北省非物质文化遗产——"郭八"火烧

"郭八"火烧创业人郭致忠,清光绪十三年(1887 年),在大名城内开业经营火烧,立店铺字号为"天兴火烧铺",郭致忠小名郭八,故人们称其制作的火烧为"郭八"火烧。1947 年，改名为"祥华斋火烧铺"。"郭八"火烧佐料齐全，制作精细，层多，皮酥里筋，焦香可口，风味独特。1966 年，周恩来总理视察大名时，品尝了"郭八"火烧，接见了郭致忠的后代郭瑞，赞扬了他的技艺。2008 年，"郭八"火烧被列入河北省非物质文化遗产名录。

(六)河北省非物质文化遗产——滴溜酒

大名府酒业有限责任公司初建于 1946 年，其生产的大名府白酒、滴溜酒，质量上乘，包装精美。2008 年，滴溜酒被列入河北省非物质文化遗产名录。

(七)市级非物质文化遗产——烧卖

烧卖又称烧麦、肖米、稍麦、稍梅、烧梅、鬼蓬头，形容顶端蓬松束折如花的形状，是一种以烫面为皮裹馅上笼蒸熟的小吃。烧卖形如石榴，馅多皮薄，清香可口，兼有小笼包与锅贴之优点，民间常将其作为宴席佳肴。

(八)市级非物质文化遗产——饸饹制作

饸饹面是大名县回族特色小吃之一。饸饹古称"河漏"，以荞麦面和高粱面为主要原料。"荞面饸饹黑是黑，筋韧爽口能待客"是大名县一带对荞面饸饹的赞语。大名县有很多专门经营饸饹的餐馆，论其口感以南关饸饹最负盛名。南关饸饹取用新鲜荞麦，现磨现做，压出的饸饹筋细、柔软，用筷子可夹起整碗饸饹，食后碗底不留一点儿断渣。再加上调料齐全考究，风味与众不同，大名县城里城外的人都爱吃，一直流传至今。

(九)市级非物质文化遗产——东屯风筝制作技艺

大名县东屯风筝制作技艺主要分布于大名县沙圪塔镇东屯村及其周边地区，由韩贵仓从河南开封学成以后归乡所创，并得以广泛传播。特别是 1988 年前后，全村日产风筝 3 万余只，达到了家做户产、妇孺皆能的程度。东屯风筝制作技艺是民间风筝艺术，题材广泛、种类繁多，有着自己的发展史和精湛的制作工艺。随着社会经济的快速发展，东屯风筝的制作队伍在萎缩，主要是由于原材料成本提高、托运成本提高、工时价值提高，以上是东屯风筝扎制者逐渐减少、周边村庄基本断绝的主要原因，传承保护工作迫在眉睫。

（十）市级非物质文化遗产——郑村豆腐

豆腐加工技艺形成的年代久远。豆腐作坊在大名县一带甚多，名气较大的有龙王庙镇的郑村、大名镇的豆腐营、金滩镇的豆腐巷。豆腐是将豆浆煮开后加入适量石膏和盐卤，使之凝结成块，再压去一部分水分所成。物美价廉的豆腐引出了一个"豆腐文化"。豆腐文化的头一个问题是豆腐的发源地，中国是"豆腐之乡"，南宋理学家朱熹就在《素食诗》中提到豆腐，制豆腐是淮南王首创。豆腐及相关产品，有着广阔的市场。但目前大名县的豆腐生产均为手工小坊，不但影响产品质量，也不利于卫生监督。但是，豆制品手工作坊还将继续存在，而且这种状况短期内难以解决，因此，加强豆制品行业市场监督的任务十分艰巨。

（十一）市级非物质文化遗产——清真馓制作技艺

羊肉卤馓是大名县的一种传统早餐食品。羊肉卤馓是将熬稠的麦仁浇上羊肉卤，泡入馒头和火烧。羊肉卤馓吃时浓香，肉味极佳，因其味美，慢慢传入民间，逐步形成了今天喝到的馓。

（十二）市级非物质文化遗产——芝麻焦烧饼

芝麻焦烧饼，大名人可谓是无人不知、无人不晓。其焦黄酥脆、味美可口，是当之无愧的大名县特色小吃。据考证，芝麻焦烧饼是由胡饼演变而来的。胡饼是最早的芝麻焦烧饼，唐代开始盛行。它的特点有焦黄酥脆，表面焦黄，内层松软。焦面上全是脱壳儿芝麻仁，吃起来酥脆馨香，并且这种烧饼物美价廉，易于被人们接受。其水分少，耐储存，因而成为当地群众馈赠亲友和出门携带的佳品。无论在乡村还是在繁华的大都市，大名县芝麻焦烧饼都能占有一席之地。

（十三）市级非物质文化遗产——豆腐丝制作技艺

豆腐丝也叫云丝，始于宋代，距今已有900多年的历史。豆腐丝是半脱水制品，属于豆腐的派生食品。大名县做豆腐丝已有700多年的历史，当时大名束馆段家就开始做豆腐丝了。其制作经过十道工序，风味独特，有"素食之首"的美誉。被誉为"豆腐筋"的大名束馆豆腐丝，以其浓郁的香味儿、乳黄的色泽、匀称的条股，成为独具一格的地方名吃。

（十四）市级非物质文化遗产——气布袋制作技艺

气布袋为大名县风味食品之一。其特点是皮薄光亮、外焦里嫩，令人望而垂涎。

（十五）市级非物质文化遗产——清真羊肉饼

羊肉饼在民间餐馆很流行，是馅儿饼的一种，为大名县清真传统小吃之一，深受人们喜爱。宋代时，肉饼被传入大名城，至清代进入鼎盛时期。民国时期，城内大量商贩制作肉饼，传至现在。羊肉饼为圆饼状，呈金黄色，以咸为主。制作羊肉饼时，通常用羊肉做馅加入鸡蛋，用面粉包好做成圆饼摊开，在饼铛中翻烤，边烤边抹油。烤好的肉饼皮薄馅大，肥而不腻，再配以芥末、大蒜调味，味道十分鲜美。羊肉饼，肉质细嫩，以热吃为佳。现今为了满足不同口味消费者的需求，又开发了羊脂饼、菜饼等产品，其特点是外焦里嫩，焦而不硬，香而不腻。

（十六）市级非物质文化遗产——清真粘糕馍

粘糕馍是大名县回族人民的传统特色食品之一，由来已久。它主要是以红枣、粘面、葡萄干、葵花仁等为原料，经过几道工序制作而成。熟后的粘糕馍，色泽金黄，外焦里嫩，香甜可口。

（十七）市级非物质文化遗产——清真蜜三刀

清真蜜三刀是大名县回族人民的传统特色食品之一，已有200多年的历史。该食品的主要成分有精选面粉、白糖、植物油、蜂蜜。其传统形状为长方体，长约5 cm、宽约3 cm、厚约2 cm。在大名县，蜜三刀是婚嫁必不可少的聘礼之一，俗称"喜果子"。每逢男方向女方提亲和结婚时一定要带上蜜三刀，送予亲朋好友来共同分享喜悦的心情，这在当地已成为一种习俗，沿袭至今。

四、重点企业

五得利面粉集团有限公司

五得利面粉集团有限公司总部设在大名县，下辖河北大名府面粉有限公司、五得利集团深州面粉有限公司、五得利集团东明面粉有限公司、五得利集团新乡面粉有限公司、五得利集团咸阳面粉有限公司、五得利集团周口面粉有限公司、五得利集团宿迁面粉有限公司、五得利集团兴化面粉有限公司等。诸公司均建设于小麦主产区，且是国家级优质小麦生产基地，地理位置优越，铁路、公路四通八达，这不仅为集团生产优质的面粉提供了丰富的原料和运输条件，也为五得利事业的可持续发展奠定了基础。

"五得利"牌面粉曾获得"中国名牌产品""放心面""最具市场竞争力品牌"等荣誉称号，"五得利"商标被认定为中国驰名商标，公司通过 ISO 9001 质量管理体系认证；五得利集团曾荣获"农业产业化国家重点龙头企业""国家标准化良好行为企业""中国食品工业百强企业""中国食品工业最具成长性民营企业""中国制造业企业 500 强"等称号。

河北宝泰食品有限公司

河北宝泰食品有限公司于 2010 年 6 月在大名县工商行政管理局登记成立。公司经营范围包括肉鸡、鸭、鹅、牛、羊屠宰加工；肉制品（酱卤肉制品）等。

邯郸市聚中照明科技有限公司

邯郸市聚中照明科技有限公司坐落于邯郸市大名县金滩镇。常年供应节能灯具、户外广告 LED 显示屏、双色 LED 显示屏、LED 显示屏制造、LED 太阳能路灯、节能环保、逆变器、户外 LED 显示屏、太阳能电池板、太阳能路灯厂家、智能逆变器、节能环保灯具等。

大名县巴洛克建材有限公司

大名县巴洛克建材有限公司随市场需求规模的进一步扩大，客户群体遍布全国各个地区。公司在北京、沈阳、青岛、石家庄等地设立了销售分公司。公司设计师从大自然中精心选取了高品质的原石为模型，自主研发出 5 大系列近百个品种文化石产品，使公司的产品仿真度极高，纹理层次表现细致入微，颜色丰富，层次过渡自然，被广泛应用于别墅、洋房、公寓等建筑物的外墙装修。

河北省中亨新型材料科技有限公司

河北省中亨新型材料科技有限公司是一家集生产、科研、销售于一体的高新技术企业。公司引进国外技术、设备，加之自我创新，研发出具有自我知识产权的新型材料。公司主要生产真空绝热板、纳米孔绝热板、纳米孔绝热毡等一系列新型保温材料。

河北滴溜酒业有限公司

河北滴溜酒业有限公司经营范围包括白酒制造、销售等。1985 年，"大名府"酒在河北省酒类大赛中被评为"河北优质产品"。1990 年，滴溜酒先后荣获"中国酒文化博览会长城杯金奖"和"河北省政府振兴河北经济奖"。1992 年，滴溜酒被河北省政府授予"河北名酒"称号。1994 年，"大名府"酒荣获"河北省我最喜爱的金质信任奖"。1995 年，"滴溜""大名府"商标被河北省工商局评为"河北省著名商标"。1997 年，被命名为"河北省名牌产品"。1998 年，公司荣获"河北省质量效益型先进企业"。2000 年，公司通过 ISO 9001 质量管理体系认证。

五、招商引资

(一)河北大名经济开发区

河北大名经济开发区是河北省省级经济开发区，总规划面积 42.04 平方千米。由"三园"组成，包括京府工业园、城西工业园和装备制造园。其中，京府工业园始建于 2003 年，位于县城东部，215 省道两侧，规划面积 31.34 平方千米，以食品加工、装备制造、电缆电力、商贸物流、塑编包装、新材料 6 大产业为主导，是国家第一批农业产业化示范基地。城西工业园规划面积 2.08 平方千米，以精细化工为主，发展化工新材料、膜化工等关联度高的战略新兴产业。装备制造园规划面积 8.62 平方千米，重点发展金属制品、新能源环保设备、机械制造 3 大主导优势产业。

河北大名经济开发区拥有"5 个第一"：有日处理小麦能力世界第一的五得

利面粉集团有限公司；有麦胚芽油、蛋白肽生产能力亚洲第一的河北家丰植物油公司；有膜包装机械市场占有率居全国前列的河北永创通达机械设备有限公司；有芝麻、香油加工能力华北第一的河北京馨泉食品有限公司和塑编生产能力华北第一的河北华正塑料编织有限公司。开发区围绕打造产业聚集区、核心区，建设"园中园"，规划建成了高端装备制造核心产业区、食品产业核心区、机电设备电缆产业集群、中宝（香港）产业园 4 个产业聚集区，工业聚集的优势正在逐渐凸显。

河北大名经济开发区紧邻大广高速、邯大高速，北距邯济铁路 20 千米，地理位置优越、交通便利，有完善的基础设施和良好的投资环境，是企业家投资兴业、一展才华的热土。

（二）大名经济开发区发展的战略机遇

1. 京津冀协同发展历史机遇

大名县充分发挥冀鲁豫交界的区位优势，重点围绕食品加工、装备制造、新能源、新型材料等承接京津产业转移。

2. 中原经济区域合作机遇

大名县拥有中原经济区中心位置的独特的区位，丰富的农产品资源，以及较低的生产要素成本优势，在中原经济区建设合作交流中具有优势明显，大名经济开发区已成为具有重要影响力的区域次中心城市。

3. 河北省扩权县政策机遇

大名县是河北扩权县，在部分经济和社会管理方面与设区市具有相同的权限。

4. 交通区位优势

大名县境内国省干线公路、高速铁路齐全。大名县已形成 10 分钟上高速，50 分钟乘高铁，60 分钟坐飞机的便捷交通格局。

5. 劳动力资源优势

大名县劳动力丰富，且工资水平较低。

6. 园区建设优势

大名经济开发区是省级经济开发区，并实现"八通一平"。园区基础设施建设日趋完善，是邯郸东部规模最大的农产品加工示范园区。

7. 特色产业优势

大名县是"中国面粉之都""中国花生之乡""中国小磨香油乡"，这些产业既是传统产业，也是颇具发展潜力的企业。

8. 土地资源优势

大名县围绕强化土地要素保障，能够满足项目用户落地需求。

9. 产业基础牢固

近年来，大名县委、县政府始终如一地坚持项目首位战略，大力发展食品产业、装备制造产业、新材料新能源产业。

六、现代农业

大名县把握"4个方面"加快建设现代农业。

第一，稳面积，增单产，促进全县农业生产上档升级。保持大名县农作物种植面积稳定，争取单产、总产稳中有增，切实保障粮食安全及主要农产品生产供给。农业机械化程度进一步提高，农民来自种植业的纯收入要有明显增加，农业综合实力要有明显提高。

第二，抓重点，建水网，全面加强水利基础设施建设。在张集乡、北峰乡2个乡镇的18个行政村和大名镇的1个林木种植基地建高效节水工程。

第三，强龙头，抓项目，进一步提升农业产业化水平。继续巩固大名县的省、市级农业产业化龙头重点企业数量在全市的领先地位。一是强龙头，进一步提升企业竞争力。二是抓项目，进一步加大招商引资力度。积极参加大型农业招商、农产品展览及贸易洽谈活动，紧紧抓住京津冀协同发展这一难得的历史机遇，以优惠的政策和灵活的方法，吸引国内外知名大企业、大集团在本县投资置业。

第四，制方案，抓重点，促进林业工作再上新台阶。按照早谋划、早准备原则，根据本县林业实际情况，对全县造林地块进行摸底排查，结合市林业局下达的年度造林任务，制订造林实施方案。

七、美丽乡村

(一)美丽乡村之杨桥镇东周庄村

河北省邯郸市大名县杨桥镇东周庄村位于杨桥镇东南4千米，常元公路东侧。该村驻有邯郸市食品药品监督管理局工作队，村级两委班子健全，各项工作制度完善，村容村貌整洁，经济发展条件较为优越。村内产业有永莲蜜桃种植基地。

(二)美丽乡村之铺上乡西李二庄村

西李二庄村隶属于大名县，与南马头村相邻。村内主要种植花生、大豆、玉米、小麦等农作物。

(三)美丽乡村之万堤镇徐山庄

河北省邯郸市万堤镇徐山庄村坐落于大名县。村内企业有包装制品厂、油墨厂；村内资源有石膏、磁赤铁矿、赤铁矿、铁钒土。

(四)美丽乡村之万堤镇北杨庄村

河北省邯郸市万堤镇北杨庄村地处大名县。该村村内绿化做得很好，路两旁都有排列整齐的树木，还建有一个小广场，供村民娱乐健身。此外，村内基本每条都是修缮好的马路，交通比较便利。

(五)美丽乡村之流万堤镇万北村

大名县万北村交通便利，位于 106 国道西侧。这里物产丰富，人口众多。近几年新建起来的万北牌坊，雄伟壮观，是万北村的标志性建筑。

(六)美丽乡村之万堤镇廉山庄村

大名县廉山庄村位于县城东北 12 千米处。该村以种植小麦、玉米、大蒜和养猪为主要经济来源，村民年收入较低。村内绿化、环境、公共设施、房屋都相对不错。村内小广场供村民娱乐，广场内筑有"廉颇"雕像，以此纪念廉颇，这也是该村文化的象征。

(七)美丽乡村之杨桥镇祝村

河北省邯郸市杨桥镇祝村归大名县管理，其邻村有李村、马村。该村英才辈出，物产丰富。村内企业有蚕药厂、玻璃厂、缫丝厂、电杆厂、白薯类粉丝厂、针织厂等。

(八)美丽乡村之丽君小镇邓台村

邓丽君的祖籍地就是邯郸市大名县的大街镇邓台村。邓台村占地面积较小，人口少，居民收入低。为了纪念一代歌后邓丽君，乘着美丽乡村建设的东风，大名县对邓台村进行了美化包装，一个别具特色的丽君小镇已初步成形，引来了大批游客，促进了村里经济的发展。邓台村的景点，东边有丽君文化广场、邓丽君祖居老宅、日月潭、在水一方、台中街、连心桥；西边村外有邓氏祖茔、演艺广场。

八、大名县经济发展中存在的问题

(一)创新能力不足，以传统产业为主

大名县农业产值占地区生产总值比重比较大。相对来说，大名县工业起步较晚，其产业结构仍然以传统产业为主，缺少高新技术产业、缺少战略性新兴产业。创新实践、创新成果、创新举措还不够多，全社会创新、创造和创业的活力还没有得到充分释放，所以一直不太发达。且基本没有重工业生产，经济落后，导致一些企业对县里发展不看好，因此招商引资比较困难，但随着北京产业转移的进行，此情况有所改善。

(二)城乡贫富差距大，农村人均居民收入低

农村居民人均收入相比城镇居民人均收入差距较大。同时农村医疗水平、教育资源等与城镇相比都有一定差距。

(三)产业结构不合理，亟须产业升级

一是经济主体主要为个体，难以形成规模；二是农产品生产难以适应市场变化；三是农产品生产信息与消费不对称；四是农业科技水平落实于社会发展；五是劳动力向城市转移造成农村人力不足等。由于无资源优势，农业发展也趋于饱和。农业、工业、服务业发展不均衡，产业结构不合理。

（四）环境问题严重，节能减排压力较大

大名县的一些产业，如建材业、电器业存在一定的环境问题。在中国北方，尤其是河北省环境约束的大背景下，产业资源约束与环境问题集中显现，节能减排压力较大，破解要素制约与发展矛盾的任务艰巨。

九、促进大名县经济进一步发展的建议

（一）坚持创新引领，催生加快发展新动力

1. 加强科技创新引领

（1）加强科技创新体系建设

建立以企业为主体，市场为导向，产学研相结合的具有大名县特色的科技创新体系。加快企业技术创新平台建设，引导五得利、家丰、中亨新材料等有实力的企业增加研发投入，创建一批企业技术中心、工程技术研究中心、院士工作站等研发机构。实施科技创新示范工程，开展食品深加工、纳米孔绝热材料、光电涂布材料、多肽等重大科技专项攻坚，培育认定一批创新型企业和高新技术企业，推进高新技术成果产业化。先进装备制造和食品加工产业集群争列省级创新型产业集群试点，依托五得利面粉集团有限公司，组建食品加工产业技术创新联盟。规模以上企业建立研发机构比例达到100％。

（2）加快科技投融资体系建设

组建大名科技创业投资公司，创立科技风险投资、担保贷款、专利质押等多元化科技金融服务体系。加快食品加工、先进装备制造等主导产业技术引进、研发和转化，加大产业技术改造力度，引导企业增加自主创新投入。

（3）加快培育科技型中小企业

实施苗圃、雏鹰、科技小巨人和新三板挂牌四大工程，搭建科技型中小企业小升规、规转股、股上市的成长阶梯，通过差异化政策扶持，促进科技型中小企业裂变式增长。实施苗圃工程，推动全县科技型中小企业数量快速扩张；实施雏鹰工程，推动成长期企业规模做大；实施科技小巨人工程，通过众创、众包、众扶、众筹等新模式，推动成熟期企业实力做强；实施新三板挂牌工程，推动一批科技小巨人企业在国内主板和中小企业板、创业板、

"新三板"上市。加大政策资金扶持力度，设立科技型中小企业发展资金，支持中小企业建立研发机构，与科研所开展产学研深度合作。广泛吸纳科技型中小企业参与构建产业技术创新战略联盟。

2. 培养创新创业人才

（1）创新人才管理机制

研究规范人才管理、激励人才创新的相关政策。建立优秀人才回县工作绿色通道，建立科学的人才考核评价体系，建立创新人才激励机制，建立以政府为主导的创新创业基金，建立以社会资金为主体的创新型人才"种子"基金，为人才施展搭建平台、提供支持。

（2）注重培养本土人才

扎实推进本土人才队伍建设，以农业新技术为契机，选择具有一定文化知识和种养殖经验丰富的农户，开展农业新品种、新模式、新技术的扶持和培训，做好农业科学技术推广的"二传手"，起到增产、增收的示范带动作用。以工业园区项目建设为切入点，培养高水平技能型人才和高层次管理人才，逐步形成以本土化为主的专业技术团队和管理团队，不断提升专业化技术团队层次和水平，满足经济社会发展的人才需求。

（3）注重"柔性"引进人才

抓住"一带一路"和"京津冀协同发展"契机，本着"不为所有，但为所用"的"柔性引进"原则，通过政府补贴、资金奖励等办法，鼓励企业引进高端人才，建立民营"智库"；要发挥企业招才引智的主体作用，鼓励企业加大研发投入，敢于拿出优势资源加强与大专院校、科研院所的合作，建立产学研联盟，以资本换人才，以股权换技术，着力解决企业高层次人才短缺问题。对建立省级技术中心、研发中心和博士后工作站、院士工作站及知名院校、科研院所科技成果转化基地的，按照有关政策予以奖补。建立高质量的创新团队、人才培训团队和中小企业投融资顾问团队。

3. 鼓励金融产品创新

（1）重视金融服务业发展壮大

着力构建以银行、证券、保险为主体，其他多种类型金融机构并存的金融体系。充分发挥现有金融机构作用，快速推动县农村信用社改制农村商业银行，完成河北银行、张家口银行在本县设立网点工作，加强与沧州银行、浙江温州瓯海农商银行等商业银行的沟通对接。增强居民对投资和保险的认知度和参与度，逐步推动金融机构到乡镇、中心社区设立便民金融服务点。

（2）组建金融机构信息互通平台

建立大名县金融服务中心，实现全县中小企业信息在金融机构之间互通共享，为更有效地推进政银企对接和为中小企业融资提供银行贷款、信托融资、股权融资等政策咨询，提供投资项目推介、投资价值分析、财务咨询、融资方案等专业服务，破解融资难题。

（3）推进融资担保"减量增质"，做精做强

建立政府、金融部门与企业合作体制，支持和鼓励建立中小企业担保公司、小额担保贷款公司。建好用好城投、园投等融资平台，推出一批PPP项目，通过政府购买服务、引进战略投资者等方式，以政府的"小钱"撬动社会的"大钱"，全面加快县城建设。完善银担合作模式，建立健全融资担保业务风险分散机制；基本形成适合行业特点的监管制度体系，持续加大政策扶持力度，形成以小微企业和"三农"，融资担保业务为导向的政策扶持体系。大力发展政府支持的融资担保机构，加快再担保机构发展；建立政银担三方共同参与的合作模式，完善银担合作政策。

（4）推动企业直接融资

支持县域内中小企业股份制改造，鼓励和引导规模以上重点企业上市融资，通过综合类券商的咨询服务和上市培训，支持大名荣凯生物质能壁炉有限公司、中亨新型材料科技有限公司、河北新茂农副食品有限公司、大名县旭阳环保科技集团有限公司等符合条件的企业在中小板、创业板、新三板、地方股权交易中心挂牌上市或发行票据融资。鼓励创业企业通过债券市场筹集资金，同时支持中小微企业到区域性股权市场通过股权质押融资。

4. 推进"智慧大名"建设

（1）打造智慧产业园区

实施传统产业信息化改造示范工程，推进信息化、工业化的"两化"深度融合。在工业园区发展中，坚持招强选优、招才引智。一方面，鼓励传统优势企业的数字化、信息化改造升级，提升企业的现代化和智能化水平；另一方面，积极引进如软件开发、物联网、电子信息、金融投资、教育培训、电子商务等领域的高新技术企业，实现园区产业组成优化。同时，在园区管理

上采用信息化平台进行科学布局、统筹管理，从内到外实现升级。

（2）推动智慧农业发展

把"互联网＋农业"的生产模式、经营模式推广到寻常农家，利用网络传播分享三农信息服务，同时让最优质的农产品能够服务社会。依托阿里巴巴农村淘宝项目的推进，实现大名县农产品上行，依托中国网库建设大名县面粉、花生、香油3个单品电子商务平台，扩大农产品的线下和线上销售，实现农业技术可推广、农业生产可联网、农业产品可追溯、产品质量可保障。

（3）加快推进"互联网＋"平台建设

加快建设"互联网＋三农"服务平台。采用多元化的平台构架，与国家、省、市、县惠农服务平台和全国单品行业平台对接，利用互联网提升农业生产、经营、管理和服务水平，推进农业生产、流通及销售方式变革和农业发展方式转变，提升农业生产效率和增值空间。加快建设"互联网＋旅游文化"服务平台。整合优化"大名旅游"官方网站，加强与广播、电视、报纸等传统媒体合作，根据不同媒体的受众群体，分众化推出精品线路、深度报道、权威发布等。加快建设"互联网＋科技创新"平台。整合企业、科研院所、众创空间、中介机构等资源信息，建立统一开放的科技资源云服务平台，提供专业科技服务；建立创新创业平台，为各类创业者提供低成本、便利化、一站式、交互式综合科技服务；建立专利与品牌服务平台，积极推进知识产权交易，完善知识产权快速维权与维权援助机制；建立众创空间服务平台，通过市场化方式构建一批创新与创业相结合、线上与线下相结合、孵化与投资相结合的众创空间，为创业者提供低成本、便利化、全要素的工作空间、网络空间、社交空间和资源共享空间。

（二）加快城乡一体化，构建协调发展新布局

1. 加快新型城镇化进程

（1）做大主城区

扩大中心城市的规模和容量，城市发展重点向东、适度向南发展城市用地，向东南发展工业用地，将大街镇、旧治乡、西未庄乡部分村庄纳入中心城区范围，形成新的中心城区格局。

（2）完善中心城区城市功能

坚持产教城融合，把产业园区、教育事业与城市建设统筹谋划、同步推进，加快图书馆、体育馆、学校、医院等配套服务设施建设。做好"水、绿、文" 3 篇文章，加快河渠贯通、北湖坑塘治理、千亩生态林、明城等重点项目建设，把县城做精、做特、做美，打造有历史记忆、地域特征、生态优美、宜居宜业的美丽县城。

（3）打造中心镇

选择 10 个乡镇作为中心镇重点打造，加快道路、供排水、污水处理、燃气等基础设施和教育、文化、卫生、医疗、体育健身等服务设施建设，把 10 个中心镇建设成布局合理、功能完善、设施配套、特色鲜明、环境优美的现代化新型城镇。

（4）加快中心社区建设

统筹规划，加大中心社区建设力度。按中心社区要求，配建基础设施和公共服务设施，全面提升农村人居环境。中心社区建设要确保土地复垦任务，确保收益用于中心社区建设，确保农村社区、现代农业园区、乡村工业园区同步建设发展，实现农民生产生活方式转变，实现城乡等值化。

2. 全面推进美丽乡村建设

（1）实施农村环境治理提升工程

围绕队伍管理、垃圾处理两个关键环节，加大投入、健全机制、强化管理、提升水平，努力实现"环卫保洁公司化、垃圾处理无害化、监督管理网格化" 3 个全覆盖，真正做到"有钱办事、有人干事、有人管事"。

（2）实施村庄绿化工程

按照有空必绿、见缝插绿、打造特色的思路，坚持点上示范带动、线片梯次推进、面上整体提升，主要实施城区绿化、绿色廊道建设（道路与河渠）、农田林网建设、"美丽乡村"绿化和林果基地"五大"工程建设。

（3）实施"一村一品"富民工程

按照"村有特色产业、户有致富门路"的思路，制定具体措施，搞好鼓励引导，因村制宜培育一批乡村旅游、特色种养、家庭手工业特色专业村，在富裕农民的同时，壮大集体经济，为美丽乡村建设提供持续保障。打造一批旅游专业村。利用农村特色和乡村文化，加快形成以重点景区为龙头、骨干景点为支撑、"农家乐"休闲旅游为基础的乡村休闲旅游业发展格局。重点打造东营村回族小镇、邓台村丽君小镇、大桂村木匠小镇等特色小镇。打造一批特色种养专业村。建设张集乡花生种植、孙甘店乡花生种植、营镇乡大蒜种植等一批集特色种植养殖、深加工、销售于一体的专业村。引导和鼓励发展休闲农业园区，建设或改造一批集休闲、观光、体验、展示为一体的精品农业观光园。打造一批家庭手工业专业村。充分挖掘农村妇女、老人等富余劳动力资源，大力推进农村家庭手工业发展。引导规模企业与家庭手工业者合作，着力培养一大批手工业经纪人，扶持发展"农村淘宝"。

（4）实施公共服务综合提升工程

立足村庄实际，对照"四美"标准，按照"缺什么、补什么"的原则，抓好"X"自选民生项目建设，推动城市基础设施建设向农村延伸、公共服务向农村覆盖，着力提升村庄建设的品位和文化内涵，让农民享受和城市大体相当的生活条件、生活品质，带动农民精神面貌的提升，实现"物的新农村"向"人的新农村"迈进。

3. 加强基础设施建设

（1）加快县乡村道路建设

打通出省断头路、卡脖路，提高公路等级和质量，提升公路通行能力。加强县城、建制镇、乡镇政府所在地市政公共设施建设，提高城镇综合承载力。完善精细化城市管理办法，全面提升城市综合承载能力。加强水利基础设施建设，保障饮水、灌溉、节水和防洪工作。

（2）加强交通基础设施建设

以构建"125176（1条铁路、2条高速、5条高速连接线、1条国道、7条省道、6条县道）""六位一体"的现代大交通网络为目标，重点加快建设大通道、大城区、大辐射、大交通路网。打通断头路、卡脖路，进一步提高公路等级和质量，密实全县公路交通网络，建成沟通南北、连贯东西、通达沿海、辐射城乡、衔接顺畅的大交通路网，实现乡乡通二级以上公路，乡镇实现一刻钟上高速，形成半小时交通经济圈，构建便捷的农村路网体系，实现农村公路等级逐年提高。构建城乡一体化公共交通体系和通达产业园区的交通网络，带动大名县经济快速发展。

（3）加强市政公共设施建设

统筹电力、给排水、供热、燃气等地下管网建设。明显改善城市水环境和城区环境。加强燃气设施建设，在中心城区逐步扩大管道天然气服务人口规模。加快供热设施建设，中心城区实现集中供热。加强电网设施建设，中心城区实现配电和用电信息采集系统自动化。加强环卫工程设施建设，改善城乡环卫质量。多方筹资，适度举债，完善功能，适度超前，提升城市的综合承载能力，为经济建设提供有力支撑。

（4）加强住房工程建设

坚持以政府为主提供基本保障、以市场为主满足多层次需求，健全城乡居民住房保障体系。加强农村住宅规划管理，提高农村住宅质量和寿命。加强居民住房建设，加快城区内的棚户区改造，加强农村住宅建设管理，加强安全设施工程建设，提高设防标准。打造中心城区建筑风貌，逐步打造城内与城外建筑风格交相辉映，文化与城市建筑融合协调的中心城区建筑风貌。

（5）加强水利设施建设

推进城乡供水一体化建设，保障抗旱应急和居民饮水安全；推进农田水利设施建设，提高本县的农业增效和农田有效灌溉率；推进引黄入大中线、马颊河整治贯通等工程建设，努力缓解资源性缺水瓶颈；推进生产桥维修改造工程建设，解决沿渠群众生产出行问题；推进防洪减灾工程建设，保障大名县蓄滞洪区人民的生活财产安全；加强地下水管理，改善地下水严重失衡状态，建立完善的供水系统和地表水利用设施。

（三）推进产业升级，提供转型发展新支撑

1. 打造大名县工业升级版

按照调整结构、壮大规模、提升层次、做大总量的总体要求，以创新驱动为动力，以招商引资为引擎，以项目建设为抓手，以园区建设为主战场，以优化环境为保障，实施双轮驱动（传统产业升级、新兴产业培育）战略，促进工业经济由要素驱动向创新驱动转变、初级加工向精深加工转变、普通制造向高端制造转变、粗放式经营向集约化经营转变，提高企业产品附加值和财政贡献率，重新叫响"工业强县"的口号，打造大名县工业升级版。

2. 加快发展现代服务业

（1）建设邯郸东部商贸物流中心

充分利用我县地处三省结合部的区位交通优势、中铁物流集团与县政府签订战略合作框架协议的机遇，依托中铁物流集团的技术优势，培育带动大名县本土物流龙头企业，改变传统物流模式；培育发展物流信息化、网络化、自助化、资源共享化、智能化等现代物流企业；重点建设好大名府国际商贸城和大名粮油物流基地两个重点物流园区。加快推进沙圪塔粮油物流园项目建设，重点发展粮油、面粉、蔬菜、纺织服装等现代物流产业。加快邯济铁路货运站、大名粮油物流基地铁路专用线和专业批发市场等"一站一线一场"建设。加快发展大型批发市场，改造升级大名县面粉、花生、香油、蔬菜、果品等的批发市场。

（2）推进传统服务业发展

积极发展连锁经营、特许经营等现代流通方式和组织形式，对接新世纪、美食林、麦当劳、尚客优等连锁企业，在大名县建设大型商贸综合体或设立分支机构，推动冠兴、家家乐、商汇酒店等企业不断做大做强，推进大名县城市广场项目实施，建设集购物、休闲娱乐、餐饮服务为一体的现代化中心商业区。依托大名县亿联·浙江商城建设项目，形成独具特色的小商品、五金建材、家具市场。加快卫东果蔬综合批发市场扩建、营镇蔬菜交易市场建设和大蒜种业交易市场建设。加大城西便民市场建设力度，不断满足群众生活需求。逐步完成各乡镇的商贸交易和物流配送中心建设，推进传统服务业的升级改造和发展。

（3）提升生产性服务业发展水平

加快发展科技、信息、金融、创意设计等现代服务业，为食品、装备制造等主导产业发展提供资金、科技、信息等支撑服务。鼓励大名镇华正塑料包装有限责任公司、大名县旭阳环保科技集团有限公司、邯郸正大饲料有限公司、中亨新型材料科技有限公司等县域工业企业增强服务功能，推动发展生产性资料销售、产品配送、安装调试、以旧换新等售后服务和专业维护维修服务，积极发展专业化、社会化的第三方维护维修服务。鼓励融资租赁企业支持中小微企业发展，引导企业利用融资租赁方式，进行设备更新和技术改造。加快发展第三方检验检测认证服务，加强计量、检测技术、检测装备研发等基础能力建设，发展面向设计开发、生产制造、饲料安全、食品安全、农产品安全的全过程分析、测试、计量、检验等机构。

（4）大力发展电子商务

研究制定大名县电子商务投资扶持政策，发挥政府投入的带动作用。开展电子商务企业上网工程，大宗商品现货交易（电商产业园区＋大宗商品交易平台＋产业带）的企业对企业（Business-to-Business，B2B）平台拓展工程、线上下单与线下自提网上商城普及工程、电商服务企业壮大工程建设，推动更多企业应用电子商务，大力推进企业网上销售，加快推进阿里巴巴农村淘宝项目以及电子商务进农村工作进度，加快大名县电商园建设。充分发挥主流媒体舆论导向作用，开辟专题、专栏，推介电子商务优秀网站和典型案例；开展"大名产品网上行"，营造电子商务发展氛围。要充分利用阿里巴巴、京东、中国网库、易田及其他同城网、第三方电子商务平台等电子商务企业各自的优势，形成互补，推动传统商贸企业发展电子商务，努力拓展电子商务便民服务领域，支持生产企业发展电子商务、推动中小微企业应用电子商务，在全县实现"网货下乡"和"农产品进城"的双向流通功能。

（5）积极探索养老等新型服务业

支持建立以企业和机构为主体、社区为纽带、满足老年人各种服务需求的居家养老服务网络，积极培育居家养老服务企业和机构，发展居家网络信息服务，提供紧急呼叫、家政预约、健康咨询、物品代购、服务缴费等适合老年人的服务项目。稳妥开展经营性服务的养老机构试点，鼓励民间资本通过委托管理等方式，运营公有产权的养老服务设施。依托美丽乡村建设，鼓励开办旅游生态养老机构。促进医疗卫生资源进入养老机构、社区和居民家庭，推动医养融合发展。高度关注"80后""90后"乃至"00后"特殊需求服务业，增创新型服务业亮点。

3. 稳步推进农业现代化

（1）稳定发展生态粮经种植业

深入推进百千万粮食高产示范工程建设，做好小麦、玉米、花生、大蒜等作物产业布局，确保种植业主导产业取得长足发展，优化粮食生产布局，稳定种粮面积。打造万堤、西未庄乡两个万亩粮食高产示范方，埝头乡万亩花生高产示范方，扶持以营镇乡为核心的大蒜种植基地、束馆为核心的设施蔬菜基地、张集乡为核心的山药种植基地。

（2）重点发展高效设施蔬菜区

合理规划，积极发展设施蔬菜，建成成方连片的蔬菜种植产业区，形成卫河沿岸万亩设施蔬菜生产带、马颊河沿岸万亩设施蔬菜生产带、肥馆线漳北万亩设施蔬菜发展带。通过"公司＋基地＋农户"种植模式，建设高保护地、高标准温棚、高标准春秋棚，采用蔬菜膜下滴灌水肥一体化技术，提高设施土壤质量和环境，提升河北碧晟农业、天富农业、驰骛农业科技园、立丰农业园 4 个设施蔬菜示范园的层次和规模。

（3）积极发展果品特色种植

积极发展名优特果品基地、适合大中城市绿化用苗及名贵绿化苗木生产基地，做大做强永莲蜜桃种植园、常青苗木种植园、书景苗木种植园 3 个特色林果园区，将其打造成全县特色林果园区的亮点，带动林果业快速发展。推广适应林农复合式结构的栽植模式、标准化栽培和无公害栽培技术，建设以王村乡为重点的中西部梨树、苹果树生产基地，扶持黄金堤乡、万堤镇优质葡萄种植基地，推进杨桥镇蜜桃，大街镇石榴，孙甘店桑葚，西店村枣、酸枣及卫东沙区李、杏小杂果特色基地建设。

（4）大力发展畜禽养殖业

坚持"提猪、扩牛、壮禽"的方针，积极建设生猪、肉牛（奶牛）、肉羊、家禽 4 大产业优势区域，大力推进种养殖示范园区建设。突出发展肉（奶）牛、肉羊养殖，进一步提高肉（奶）牛的存栏量；稳定生猪数量，突出肉猪品改和质量提高；努力发展小家禽，积极推广机械化养鸡，实行规模养殖。努力构建规模适度、效益稳定、疫情防治、绿色安全、标准规范的现代养殖模式，形成资源共享、优势互补、特色突出、竞相发展的现代畜牧业发展新格局。

（5）加快转变农业发展方式

着力推进农田基本建设标准化，农产品栽培科技化，耕种收播机械化，农业园区现代化，齐抓共建，走出一条集约、高效、安全、持续的现代农业发展道路。加快农业科技创新，在生物育种、智能农业、农机装备、生态环保等领域开展农业科技创新工作，引导农民广泛采用新优品种、先进技术、新型生物有机肥料，扩大主导产业规模。强化农机服务体系建设，依托农机大户、农机专业合作社等新型农机社会化服务组织，积极开展订单服务、租赁服务、承包服务、产销一条龙等服务。强力推进现代农业园区建设，按照"成区连片、不低于1万亩"的规划要求，以五得利面粉集团有限公司、河北家丰植物油有限公司等企业为龙头，创建省级现代农业园区。

(四)加快生态文明建设，塑造绿色发展新环境

1. 建设低碳大名

(1)推广新能源及清洁能源应用

依托中广核太阳能、绿本生物质能发电项目，积极推广光伏农业大棚设施发电，有效缓解人地矛盾，满足农业用电需求，产生发电效益，更好地促进农业经济可持续发展。主城区居民和农用煤全部实现洁净型煤配送，农村燃煤清洁利用率和替代率超过90%；城西工业园、京府工业园、万堤工业园全面完成集中供热，实现"一区一热源"。以公司运营化方式开发生物质绿色能源，在主城区建立充气、充电等能源配套设施，提高生物质能源利用率。

(2)发展绿色低碳建筑

开展建筑节能减排，推广使用太阳能热水系统、地源热泵、空气源热泵、光伏建筑一体化、"热—电—冷"三联供等技术和装备。政府投资的公共建筑、保障性住房等率先执行绿色建筑标准，城镇绿色建筑占新建建筑的比例达到50%。

(3)构建绿色交通体系

倡导绿色出行，实施公交优先战略，推进智慧交通工程建设，提高道路通行效率和交通信息服务水平；大力推广新能源汽车，加快公交车、出租汽车、城市物流配送车辆充换电设施的配套建设，鼓励支持社会资本进入新能源汽车充换电设施建设运营、租赁和回收等服务领域。

2. 建设环保大名

(1)加快建立网络化环境监管系统

加快生态环境监测信息传输网络与大数据平台建设，加强生态环境监测数据资源开发与应用，开展大数据关联分析，为生态环境保护决策、管理和执法提供数据支持。同时，开放服务性环境监测市场，鼓励社会环境监测机构参与环境监测活动，积极推进政府购买基础公益性监测服务，有序推进环境监测服务社会化、制度化、规范化，提升对空气、土壤、水环境质量的综

合监管能力。

（2）全面推行清洁生产

做好顶层设计，加快淘汰落后产能，推动传统产业改造升级，降低工业排放。重点抓好中亨纳米新材料、节能环保型采暖炉等一批新兴产业项目。鼓励发展绿色制造产业，对县域内的化工、建材、印染等重点行业主要污染物排放进行总量控制。拆除燃煤小锅炉，依托坤海清洁煤项目，抓好煤炭管控，积极开展企业清洁生产示范活动，实现减量化、无害化、资源化。在京府工业园等主要工业园区，推行环境污染第三方治理模式，通过委托治理服务、托管运营服务等方式，提高污染治理的产业化、专业化程度。

（3）继续大气污染治理

强化车辆监督管理，加强机动车尾气检测，提升燃油品质，严厉打击非法生产、销售不合格燃料等违法行为。推进面源污染综合整治，强化道路扬尘和施工扬尘监管，积极推进绿色施工。

（4）加强水资源保护

对卫河、漳河、马颊河等重点河流采取控源、治理、风险防控等综合措施，进行水环境综合治理。取缔小型造纸、印染、染料等严重污染水环境的生产项目。严厉打击通过渗坑、渗井偷排偷放等水环境污染违法犯罪行为，有效防止地下水污染。关闭企业地下井取水，实现工业用水为地表水供水方式。

（5）推进城乡环卫一体化建设

积极推行政府和社会资本合作模式和特许经营模式等新型环卫运营模式，建立城乡环卫一体的大环卫综合体系，以市场化和产业化促进生活垃圾减量化、无害化和资源化利用。加强县城公厕、农贸市场等硬件达标建设，争创省级卫生县城。对接大名县智慧城市接口，运用企业智慧环卫管理平台，实现环卫信息化智能管控。

3. 建设宜居大名

（1）开展植树造林

实施农田林网工程和生态防护林工程，切实保护森林资源。放活林地经营权，鼓励林权依法规范流转，鼓励荒地造林。在品种利用上重点推广速生杨、速生柳等当地树种，在结构上推广以适应林农复合式结构的栽植模式，达到生态林和效益林比例的合理配置。

（2）建设多彩苗木基地

积极适应社会和市场发展变化趋势，丰富绿化色彩，加快引进优质多彩果树苗木新品种，鼓励各种社会资本参与投资建设，不断发展壮大多彩果树花圃苗木基地，为撬动"美丽经济"、全面推进绿化美化大名县工程提供有力支撑。

（3）提高完善廊道绿化

在目前大框架廊道绿化基本完成的基础上，按照省、市精神，对全县境内所有高速公路、国道、省道及县、乡、村道路的绿化质量进行提高和完善。

（4）重点实施园区绿化

以建设环境优美、生态良好的现代化新型产业园区为目标，完成工业园区公园、道路绿化带及工业区公共绿地广场建设。

（5）着力打造宜居绿化

按照有空必绿、见缝插绿、打造特色、先造后补的思路，采取生态经济型、生态景观型、生态园林型等多种模式，实施进村道路绿化、庭院绿化、环村林带绿化、街道绿化、沿村河渠坑塘绿化五绿工程，大幅增加城区绿化量，对县城边角地、弃置地全部实施绿化，推进拆违建绿、破硬还绿、立体绿化等增绿工程；加快县城绿色廊道、防护林带、风景林地建设，强化城乡之间绿色生态空间连接；提升园林绿化品质，积极创建星级公园和园林式单位、小区、街道。

参考资料：

［1］大名经济现状，大名县人民政府，http：//www.daming.gov.cn/zjdm/dmxq/201903/t20190301_1042241.html，2020-05-18.

［2］特色产业，大名县人民政府，http：//www.daming.gov.cn/zjdm/tscy/，2020-05-18.

后 记

2017年8月，河北师范大学团委按照河北师范大学人才培养规划，组织开展了本科生、硕士研究生暑期社会实践活动。本次暑期社会实践活动，经管类专业的实践主题是"大运河文化带河北段经济社会文化发展状况调查"。本次调研活动得到了河北师范大学党委书记戴建兵和团委书记马建国的关心和支持。

为搞好本次调研活动，河北师范大学商学院做出精心安排：选派高永国、赵国华、张志强三位教师作为本次调研活动的指导教师，筛选12名本科生和2名研究生作为调研小组成员；确定调研提纲；由指导教师对参加调研活动的学生进行培训；动员各方面资源，为本次调研活动提供支持。

在做好各方面精心准备后，调研小组在三位指导教师的带领下，分别对廊坊市香河县，沧州市青县、运河区、沧县、泊头市，邢台市清河县，邯郸市大名县进行了为期一个半月的调研，调研主要围绕县域经济概况、特色产业、名优产品、重点企业、招商引资、现代农业发展、美丽乡村建设等方面展开。调研活动得到了当地区县政府和有关部门的大力支持，收集了许多重要的资料和数据。各调研小组在教师的指导下，根据调研得到的资料，撰写了县域经济发展报告，剖析了各县区经济发展存在的主要问题，并提出了推动县域经济发展的建议。

本书就是本次暑期社会实践的成果。

图书在版编目（CIP）数据

大运河河北段经济发展研究 / 高永国，赵国华编著. —北京：北京师范大学出版社，2021.9
（大运河历史文化丛书）
ISBN 978-7-303-26788-0

Ⅰ.①大…　Ⅱ.①高…　②赵…Ⅲ.①大运河－流域－区域经济发展－研究－雄安新区　Ⅳ.①F127.223

中国版本图书馆 CIP 数据核字（2021）第 018757 号

营　销　中　心　电　话　010-58802135　010-58802786
北师大出版社教师教育分社微信公众号　京师教师教育

DAYUNHE HEBEIDUAN JINGJI FAZHAN YANJIU
出版发行：北京师范大学出版社　www.bnup.com
　　　　　北京市西城区新街口外大街 12－3 号
　　　　　邮政编码：100088
印　　刷：鸿博昊天科技有限公司
经　　销：全国新华书店
开　　本：730 mm×980 mm　1/16
印　　张：13
字　　数：195 千字
版　　次：2021 年 9 月第 1 版
印　　次：2021 年 9 月第 1 次印刷
定　　价：52.00 元

策划编辑：王剑虹　　　　责任编辑：申立莹
美术编辑：焦　丽　　　　装帧设计：李向昕
责任校对：康　悦　　　　责任印制：马　洁